Mooramreddy Sreedevi
M Padmavathamma

Proteção da EVM através do sistema de criptografia multipares com limiar

Mooramreddy Sreedevi
M Padmavathamma

Proteção da EVM através do sistema de criptografia multipares com limiar

ScienciaScripts

Imprint

Cover image: www.ingimage.com

This book is a translation from the original published under ISBN 978-3-659-79108-6.

Publisher:
Sciencia Scripts
is a trademark of
Dodo Books Indian Ocean Ltd. and OmniScriptum S.R.L publishing group

120 High Road, East Finchley, London, N2 9ED, United Kingdom
Str. Armeneasca 28/1, office 1, Chisinau MD-2012, Republic of Moldova, Europe
Managing Directors: Ieva Konstantinova, Victoria Ursu
info@omniscriptum.com

Printed at: see last page
ISBN: 978-620-8-58966-0

Índice:

SEGURANÇA DA VOTAÇÃO EVM POR LIMIAR MULTIPAR CRIPTOSISTEMA DE CHAVE PÚBLICA

Dr. MOORAMREDDY SREE DEVI

AGRADECIMENTOS

É pela insondável graça e bênção do Todo-Poderoso que pude trazer à luz este humilde trabalho, pelo qual lhe estou extremamente grato.

M.Padmavathamma, *HOD of Computer Science, S.V.U. College of CM&CS, S.V.University, Tirupati, pela sua orientação inspiradora e académica. Apesar da sua preocupação com várias tarefas, teve a amabilidade de dispensar o seu precioso tempo e deu-me os conselhos e orientações necessários. Recebi em todas as fases de planeamento e constituição deste trabalho.*

K. Ramakrishnaiah, *Diretor, S.V.U.College of CM&CS, S.V.University, Tirupati, por me ter dado autorização para realizar este trabalho de investigação e por me ter ajudado graciosamente durante a execução deste trabalho.*

Estou grato ao **Prof. S. Ramakrishna**, *Departamento de Informática, S.V.U.College of CM&CS, S.V.University, Tirupati. Expresso os meus sinceros agradecimentos pela sua ajuda.*

Gostaria de expressar os meus agradecimentos aos meus queridos colaboradores **Dr. G. Anjan Babu**, *Professor Associado,* **Dr. E.Kesavulu Reddy, Sri.G.V.Ramesh Babu e Smt.K.Vijay Lakshmi,** *Professores Assistentes no Departamento de Informática, S.V.U.College of CM&CS, S.V.University, Tirupati, pelo seu afeto e ajuda durante todo o meu estudo.*

Gostaria de agradecer aos meus queridos **amigos** *pela sua ajuda e cooperação sem reservas.*

Os meus sinceros agradecimentos ao pessoal do meu gabinete e ao pessoal docente académico pelo seu carinho e ajuda ao longo do meu estudo.

Expresso o meu mais profundo sentimento de gratidão aos meus pais **Smt.M. Lakshmi Devi** *e* **Sri M. Kullai Reddy**, *sem cujo encorajamento não teria conseguido nada de significativo na minha vida.*

Os meus sinceros agradecimentos ao meu querido filho **Chi. Y. Himakar sai Teja Reddy**.

Por último, exprimo a minha gratidão às autoridades da **Universidade Sri Venkateswara**, *Tirupati, por terem disponibilizado as instalações necessárias.*

Dr. M. Sree Devi

Capítulo 1

Introdução

1.1 INTRODUÇÃO

A votação é um dispositivo vital para fazer emergir a opinião de uma massa relativamente a algumas conclusões que estão a ser consideradas. Com base na promessa de maior eficiência, melhor escalabilidade, maior rapidez, menor custo e maior comodidade, a votação está atualmente a passar do método tradicional baseado no papel para a máquina de voto eletrónica automática. O termo "votação eletrónica" designa a utilização de meios electrónicos na votação e assegura a segurança, a fiabilidade, a garantia e a transferência. Hoje em dia, o vasto leque de aplicações do voto inclui a sua utilização em eleições para corpos de estudantes, assembleias de acionistas e a aprovação de legislação no parlamento. Talvez a utilização mais importante, influente, publicitada e generalizada do voto na Índia sejam as eleições nacionais. Em comparação com o seu equivalente tradicional em papel, considera-se que o voto eletrónico tem muitas mais vantagens potenciais.

Em 2004, a Índia adoptou máquinas de voto electrónicas (EVM) para as eleições para o Parlamento, com 380 milhões de eleitores que votaram utilizando mais de um milhão de máquinas de voto. As EVM indianas são concebidas e desenvolvidas por duas unidades de fabrico de equipamento de defesa pertencentes ao Estado. Ambos os sistemas são idênticos e foram desenvolvidos de acordo com as especificações da Comissão Eleitoral da Índia. O sistema é um conjunto de dois dispositivos que funcionam com baterias de 6V. Um dispositivo, a unidade de votação, é utilizado pelo eleitor e o outro dispositivo, denominado unidade de controlo, é operado pelo funcionário eleitoral. Ambas as unidades estão ligadas por um cabo de 5 metros. A unidade de votação tem um botão azul para cada candidato. A unidade pode conter 16 candidatos, mas podem ser ligadas em cadeia até 4 unidades, para acomodar 64 candidatos. A unidade de controlo tem três botões na superfície, nomeadamente um botão para libertar um único voto, um botão para ver o número total de votos expressos até ao momento e um botão para encerrar o processo eleitoral. O botão de resultados está oculto e selado. Só pode ser premido se o botão Fechar já tiver sido premido.

É necessário garantir a segurança dos votos expressos na EVM, uma vez que as decisões importantes se baseiam nos resultados. Devido à conceção dos boletins de voto ou a um erro involuntário do eleitor, existe a possibilidade de se registarem votos falsos. Este sistema também pode produzir resultados pouco fiáveis. Graças a este sistema, os dirigentes corruptos têm a possibilidade de cometer erros, o que pode mesmo alterar as decisões do governo.

Mas a conceção da EVM apresenta algumas lacunas que põem em causa a segurança dos votos. O hardware fornecido com a PROM para armazenamento dos votos é compacto, com poucas instruções que são executadas diretamente no hardware. Devido a este processo de conceção simples, a segurança é difícil de manter e pode dar origem a práticas incorrectas de votação. Rao, no seu estudo, assinala claramente os problemas de funcionamento criados nas eleições parlamentares de 2009, que levaram a uma nova votação [26].

Para evitar o problema acima mencionado, a nossa tese desafia a segurança dos votos expressos pelo público. A nossa tese centra-se em dois pontos. Um deles é a segurança e o outro é o armazenamento de cópias de segurança para verificação posterior, caso surja algum problema. Esta facilidade é proporcionada através da utilização da criptografia, em que são utilizadas duas chaves públicas para a encriptação e uma chave privada para a desencriptação. A memória de segurança actua como um servidor remoto que preserva os votos. Este armazenamento é utilizado para efeitos de nova verificação e confirmação. Assim, a nossa tese fornece uma solução para os problemas de segurança dos votos na EVM [19, 20].

A Comissão Eleitoral da Índia desenvolveu os EVM em parceria com dois componentes estatais [2]. A primeira EVM indiana foi desenvolvida no início da década de 1980 pela ECIL. A sua utilização não foi generalizada em todo o país devido ao estilo de funcionamento inconveniente da máquina. A ECIL propôs o modelo seguinte, que incluía unidades de controlo e de voto separadas e a disposição de ambas as componentes. A EVM de primeira geração baseava-se em microcontroladores Hitachi 6305 e utilizava firmware armazenado em PROMs externas apagáveis por UV, juntamente com EEPROMs de 64kb para armazenar os votos. Os modelos de segunda geração foram introduzidos em 2000 pela ECIL e pela BEL. Estas máquinas transferiram o firmware para a CPU e actualizaram outros componentes. A partir de 2004 e 2006, estas máquinas foram gradualmente instaladas em maior número e utilizadas em todo o país. Os fabricantes adoptaram um modelo de terceira geração que incorpora alterações adicionais sugeridas pela Comissão Eleitoral. A EVM indiana tem dois componentes principais, indicados na figura [1]. Existe uma unidade de controlo utilizada pelos membros das mesas de voto, que armazena e acumula os votos, e uma unidade de voto, situada na cabina de voto, que é utilizada pelos eleitores. Estas unidades estão ligadas por um cabo de 5m que tem uma extremidade permanentemente fixa à unidade de voto. O sistema é alimentado por uma bateria no interior da unidade de controlo. As EVM foram concebidas para eleições com uma ou duas secções, como é típico na Índia.

1.2 QUESTÕES RELACIONADAS COM A EVM

A necessidade atual de um país democrático como a Índia é um sistema de votação mais fiável. Os sistemas de votação em papel foram ultrapassados pela máquina de votação eletrónica. Existem vários outros tipos, como os sistemas de votação eletrónica por gravação, que eliminam totalmente os boletins de voto em papel. Isto leva a uma redução do erro dos eleitores , aumentando as facilidades para permitir que as pessoas com diferentes deficiências votem sem assistência humana. No entanto, uma análise recente aponta para problemas de segurança relacionados com a EVM [17].

Dez anos antes, os problemas das máquinas de voto faziam manchetes internacionais. Infelizmente, as máquinas de voto electrónicas foram a causa do problema. Por isso, as máquinas tiveram de ser redesenhadas para aumentar a precisão e a eficiência. Esta é uma tarefa mais difícil porque, basicamente, um sistema de votação tem necessidades formais que devem ser satisfeitas.

- **Exatidão**: Cada voto individual deve ser lançado e contado de acordo com a propriedade do candidato atribuído.
- **Segurança:** Não deve haver qualquer possibilidade de alterar o boletim de voto de alguém, destruir votos e afetar a exatidão do resultado final.
- **Privacidade:** Os votos secretos são mantidos e os sistemas de votação devem facilitar o anonimato dos eleitores.
- **Escalabilidade:** Num país com uma população mais numerosa como a Índia, os sistemas de votação devem ser capazes de gerir eleições de grande dimensão. A complexidade do ato eleitoral é outra questão.
- **Rapidez:** O resultado das eleições deve ser anunciado atempadamente. O atraso no resultado das eleições deve ser evitado por questões de segurança.

A tecnologia introduziu novas máquinas de voto computorizadas e a votação pela Internet também está disponível para maior comodidade. Mas ao mesmo tempo que aumenta a velocidade e a escalabilidade, diminui a exatidão ao converter a intenção individual do eleitor em votos corretamente contados. Assim, para manter a exatidão, são tomadas medidas adicionais que são propensas a erros. O software utilizado, que é mais simples, também diminui a exatidão. Além disso, a venda de software que ocorre de forma surpreendente pode causar um efeito misterioso.

Tendo agora em conta os problemas relacionados com a máquina de voto eletrónico. A fiabilidade das máquinas tem alguns problemas importantes a enfrentar.

1.2.1. ERROS DE SOFTWARE

Os erros de software são inevitáveis, uma vez que a EVM regista e contabiliza os votos de forma eficiente. O problema básico é que é impossível escrever um software isento de erros. Ninguém sabe como escrever um software correto e isento de erros, porque quanto mais complexo é o software, mais difícil é encontrar e corrigir os erros. Devido ao grande número de candidatos e de tipos de boletins de voto que utilizam o código. Alguns dos problemas criados pelo software são

- Os boletins de voto electrónicos podem perder-se e nunca mais serem recuperados.
- A máquina de voto pode subtrair os votos expressos que afectam o resultado.
- Os boletins de voto electrónicos podem ficar em branco durante a eleição, sendo também impossível a recontagem.

i) Falta de recontagens: O facto de se confiar totalmente no processo eletrónico de registo e armazenamento dos votos pode causar um desastre se ocorrer algum problema ou falha. O principal problema é que o processo falha com demasiada frequência. Mesmo nas máquinas de voto DRE, os boletins de voto electrónicos armazenados nos circuitos de memória são completamente invisíveis, impermanentes e não verificados. São utilizados apenas para totalizar os votos.

É possível efetuar uma recontagem significativa sem registos em papel verificados pelos eleitores, porque estes apenas rejeitam com exatidão a escolha dos eleitores. As máquinas DRE podem fornecer um registo em papel dos votos expressos, mas se o registo eletrónico estiver correto, então o relatório impresso também estará correto [17, 23].

1.2.2 FRAUDE EM GRANDE ESCALA

A fraude eleitoral é um fenómeno conhecido nas eleições e esperado também no futuro. Mas as possibilidades de fraude oferecidas pela EVM são reduzidas em comparação com as máquinas anteriores.

Alguns dos métodos são

> Um trabalhador corrupto dentro da cabina pode alterar o resultado da eleição utilizando código malicioso.

> Os testes dos procedimentos de certificação são insuficientes para verificar os tampers. Os os funcionários não são peritos em matéria de segurança e não têm consciência das vulnerabilidades de segurança

1.3. NECESSIDADE DE SEGURANÇA NA EVM

Para além de várias questões relacionadas com a EVM, tornou-se necessário perceber a conceção e as limitações para reforçar a segurança dos sistemas de votação [23]. Se houver uma ideia clara das questões de segurança, é possível encontrar uma solução para os problemas levantados. Há várias questões relacionadas com a segurança. Entre elas, destacam-se neste tópico algumas questões.

1.3.1 . PIRATARIA ELEITORAL

A pirataria informática pode alterar o resultado das eleições através da manipulação dos votos e da modificação ou adição de novos votos aos candidatos pretendidos. Existem vários tipos de pirataria informática, como a manipulação direta dos votos, a violação dos mecanismos de autenticação, as falhas de negação de serviço, etc. Utilizando uma tabela de hash, também é possível cometer erros, de modo a que só apareça o nome de um candidato e o de outro não apareça na contagem [1]. Estes erros devem-se ao desenvolvimento de software, em que o código-fonte é escondido do público. Em geral, é difícil desenvolver software normalizado isento de erros do que o objetivo do atacante de piratear os votos.

1.3.2 INDEFINIÇÃO DA AUTENTICAÇÃO

A autenticação foi obtida através da utilização de um número pin ativo em qualquer momento. Este número pode ser pirateado, fazendo com que os utilizadores votem várias vezes com um único pin. Se forem gerados dois pin's, um eleitor pode facilmente determinar o partido em que vai votar. Um eleitor mal-intencionado pode votar várias vezes sem pin e, assim, acabar com a eleição no terminal de voto.

Uma vez que a votação desempenha um papel vital nas sociedades democráticas modernas, devem ser aplicadas mais medidas de segurança para evitar os potenciais danos e benefícios da divulgação de vulnerabilidades. A votação ocupa um lugar especial na vida pública democrática, pelo que as questões de segurança estão a tornar-se mais importantes nos últimos tempos.

Uma das formas de reforçar a segurança é conhecer as informações técnicas do funcionamento do sistema. A análise do código-fonte do sistema e a engenharia inversa das máquinas de voto permitem garantir a segurança. Mas obter o acesso necessário ao código-fonte é um dos maiores desafios que se colocam. Se o código-fonte for recebido, também não há confiança no padrão de funcionamento da máquina de voto.

Para além do software, o hardware da máquina de voto deve ser protegido contra vírus e outros ataques externos. Substituindo as pastilhas de memória para armazenar o software eleitoral e as pastilhas de memória ROM, os ataques baseados nas pastilhas e no processador podem ser eliminados. Mesmo os sinais dos botões para os candidatos podem ser afectados. Por conseguinte, deve ser assegurada uma maior segurança dos cartuchos de memória e do hardware de proteção da memória.

Se o código-fonte for compactado e for criado software independente, a verificação pode tornar-se fácil e as alterações de hardware podem ser protegidas. Mas a simplicidade excessiva reduz certas diferenças, como a integridade criptográfica e a confidencialidade. As protecções de hardware muito simples e baratas permitem a engenharia inversa e a manipulação barata do hardware. Assim, se o sistema for complexo e forte, a segurança também é máxima.

A segurança pode ser testada através da substituição de componentes de hardware desonestos ou da alteração do estado interno da máquina utilizando dispositivos de hardware maliciosos. Mesmo o roubo de votos pode ser efectuado através de acesso físico, inserindo hardware malicioso entre a votação e a contagem, os votos podem ser adulterados e o total alterado. As questões de segurança também dizem respeito às urnas de voto e ao processo de contagem, onde se verificam ataques físicos, o que dificulta a direção dos processos eleitorais, que são invisíveis, pelo que não se pode ter a certeza de que as máquinas se comportam honestamente. O registo de cada tecla premida permite aos atacantes violar a segurança dos boletins de voto. Há muitos sinais que o atacante utiliza para alterar o boletim de voto. Por conseguinte, há muitas questões de segurança que devem ser tidas em conta aquando da conceção da máquina de voto.

1.4. CONTEXTO DO PROBLEMA

Num país democrático como a Índia, embora haja um desenvolvimento abundante da tecnologia, esta continua a ficar para trás no processo eleitoral. Esta desvantagem deve-se ao sistema de votação tradicional. Os votos expressos pelo público determinam o destino do país durante um determinado período. Por isso, é necessária muita segurança para os votos valiosos. Devido à conceção do boletim de voto ou a um erro involuntário do eleitor, os votos podem ser falseados. Este sistema também pode produzir resultados pouco fiáveis. Graças a este sistema, os dirigentes corruptos têm a possibilidade de cometer erros, o que pode até alterar as decisões do governo.

Devido aos problemas criados pela máquina manual, a máquina de voto eletrónico passou a ser utilizada. Mas a conceção da EVM apresenta algumas lacunas que ameaçam a segurança dos votos. O hardware [3] fornecido com a PROM para armazenamento dos votos é compacto, com poucas instruções que são executadas diretamente no hardware [3]. Para este processo de conceção simples, a segurança é difícil de manter e pode resultar em práticas incorrectas de votação. O Sr. Rao [26], no seu estudo, aponta claramente os problemas de funcionamento criados nas eleições parlamentares de 2009 que levaram à repetição das eleições.

Para evitar o problema acima mencionado, a nossa tese desafia a segurança dos votos expressos pelo público. A nossa tese centra-se em dois pontos. Um deles é a segurança e o outro é o armazenamento de cópias de segurança para verificação posterior, caso surja algum problema. Esta facilidade é proporcionada através da utilização da criptografia, em que são utilizadas duas chaves públicas para a encriptação e uma chave privada para a desencriptação. A memória de segurança actua como um servidor remoto que preserva os votos. Este armazenamento é utilizado para efeitos de nova verificação e confirmação. Assim, a nossa tese fornece uma solução para os problemas de segurança dos votos na EVM.

1.5. HIPÓTESE DE INVESTIGAÇÃO

Nesta dissertação, é concebido e implementado um sistema de criptografia seguro com um par de chaves públicas, nomeadamente o Threshold Multi-Pair Public Key Cryptosystem, para encriptar os votos na EVM e também no servidor remoto, utilizando a chave pública do funcionário da cabina de voto responsável pela EVM, e a desencriptação dos votos será efectuada por uma única chave privada para revelar os votos originais, a fim de evitar ataques ou em caso de adulteração da EVM. A EVM pode ser uma forma eficiente e económica de realizar o processo de votação se satisfizer os requisitos constitucionais . A EVM deve garantir a segurança na receção, transferência, recolha e apuramento dos votos nas eleições [17, 23]. Para garantir a segurança, é necessária uma técnica criptográfica, que concebemos e propusemos nesta tese [20]. O único objetivo da cifragem é proteger a privacidade dos eleitores, e mesmo uma falha total do sistema EVM não teria qualquer impacto na integridade da eleição e todos os votos recolhidos podem ser transferidos ou contados a partir de um servidor remoto. A razão para utilizar a cifragem de limiar em vez da cifragem de chave pública comum é evitar qualquer ponto único de potencial comprometimento da privacidade. No momento da votação, uma chave é utilizada para cifrar o voto na memória da máquina e outro par de chaves públicas é utilizado para cifrar o voto numa instalação de salvaguarda no servidor remoto e recuperado com uma única chave privada no momento da contagem ou em caso de falha da EVM ou se for necessária a possibilidade de verificação.

Um sistema de votação eletrónica é um sistema de votação tradicional em que os dados eleitorais são registados, armazenados e geridos essencialmente como informação digital. A votação eletrónica é definida como qualquer processo de votação em que é utilizado um método eletrónico para votar, emitir os votos e armazenar os resultados. A votação eletrónica é um sistema eleitoral que permite aos eleitores registar os seus votos na máquina EVM. Também são utilizados no processo de votação sistemas de votação especializados, como os sistemas de votação DRE (registo eletrónico direto), RFID, identificações nacionais, Internet, redes informáticas e sistemas celulares.

Embora o modelo atual de EVM pareça bom, existem lacunas no conceito de segurança deste modelo. A segurança total é essencial para garantir a privacidade dos votos expressos e não permitir práticas ilícitas nas eleições. Deve ser garantida a segurança do armazenamento dos votos quando é necessário proceder a um novo controlo. A base desta tese concentra-se nos problemas de segurança acima referidos, fornecendo um novo modelo alargado denominado "Modelo de armazenamento de segurança". Este modelo permite elucidar a utilização de um sistema de criptos para fins de segurança.

1.6. FINALIDADE E OBJECTIVOS DA INVESTIGAÇÃO

O objetivo desta tese é desenvolver um criptosistema de limiar. Este é utilizado para propor soluções de segurança para os votos na máquina de voto eletrónica e no armazenamento de cópias de segurança num servidor remoto. Estas soluções destinam-se a fornecer os serviços de equidade e de não repúdio necessários. Além disso, tem como objetivo a proteção contra ataques à EVM. Ao garantir estes serviços, o objetivo é ajudar os países democráticos a realizar eleições de forma justa e segura, utilizando o sistema de criptografia de chave pública Threshold Multi-Pair.

Os principais objectivos do trabalho de investigação são:

- Propor um algoritmo criptográfico de limiar para encriptar votos.
- Propor um sistema de criptografia multipares de limiar para o armazenamento seguro de votos em EVM.

- Conceber um sistema para a geração de chaves públicas multipares com base no centro da cabina de voto.
- Publicação das chaves públicas e distribuição da chave privada entre os funcionários das cabinas de voto e o servidor remoto onde é efectuada a cópia de segurança dos EVM.
- Aplicação de conceção e desenvolvimento que simula o EVM e o sistema de votação através da implementação do sistema de criptografia de chave pública Threshold Multi-Pair proposto.

1.7. ÂMBITO DA INVESTIGAÇÃO

O objetivo do trabalho de investigação é conceber e desenvolver um sistema de votação seguro utilizando o sistema de criptosistema de chave pública Threshold Multi-Pair para proteger o voto no EVM e no servidor remoto onde é feita a cópia de segurança do EVM. Nesta investigação, pretende-se desenvolver um sistema de criptografia seguro que gere várias chaves públicas com base na identificação da EVM, na identificação da cabina de voto e noutras informações relacionadas, que encriptarão o voto na memória da EVM e no servidor remoto e podem ser desencriptadas por uma única chave privada em caso de falha da EVM ou de qualquer ataque à máquina EVM ou ao servidor remoto vice-versa. A chave pública proposta pode ser utilizada para resolver as vulnerabilidades existentes na EVM.

O resultado da tese e a sua aplicabilidade são enquadrados da seguinte forma:

1. Na primeira fase, é concebido e implementado um sistema de criptografia de chave pública multipares de limiar seguro que contém três fases: geração de chaves, encriptação e desencriptação. Na fase de geração de chaves, obtém-se um par de chaves públicas e uma chave privada para cada EVM para encriptar e desencriptar votos.
2. Na segunda fase, é proposto um modelo de EVM seguro que não só armazena os votos na memória como também no servidor remoto de forma segura.
3. Na fase final, a aplicação é concebida com base no modelo desenvolvido na segunda fase e o sistema de criptografia proposto é utilizado para garantir a segurança dos dados no armazenamento e na memória da EVM.

Implementa o sistema de criptografia de chave pública multipares em Java e testa-o com dados de amostra, obtendo os resultados de acordo com a hipótese e aplicando-os ao modelo desenvolvido com JSP.

1.8. ESBOÇO DA DISSERTAÇÃO

Capítulo 1

Este capítulo explica a visão geral do problema e discute as questões relacionadas com a segurança da EVM, revelando algumas lacunas no contexto atual e a necessidade de um criptossistema robusto para garantir a segurança dos votos na máquina EVM, bem como no armazenamento de cópias de segurança. O objetivo e os objectivos deste trabalho de investigação são apresentados juntamente com as nossas realizações e novas contribuições. O estudo de vários trabalhos de investigação sobre medidas e técnicas de segurança levou-nos a pensar numa solução para o problema da votação EVM, garantindo a confidencialidade, a integridade, a disponibilidade, a responsabilidade e o não repúdio. Este capítulo termina com o esboço da tese.

Capítulo 2

Neste capítulo, examinamos os algoritmos RSA e M-Prime RSA e apresentamos a sua utilização na análise da segurança. Para ultrapassar as desvantagens de segurança dos algoritmos anteriores e para melhorar a facilidade de chave pública múltipla, é apresentado em pormenor um novo sistema de criptografia de chave pública multipares em contraste com o RSA multipares, juntamente com o código fonte, e os resultados são analisados com dados de amostra. Finalmente, este capítulo conclui com uma análise gráfica do criptossistema proposto em comparação com os algoritmos criptográficos existentes

Capítulo 3

Neste capítulo, o novo modelo de EVM associado ao armazenamento de cópias de segurança em linha é concebido e proposto como "Modelo EVM seguro e inovador". O modelo de votação existente é estudado e as suas desvantagens são indicadas, a partir das quais a nova EVM evoluiu com soluções para ultrapassar os pontos fracos. O capítulo conclui com as melhorias introduzidas no modelo existente e no modelo proposto.

Capítulo 4

Este capítulo centra-se na criação de protocolos para o desenvolvimento da aplicação do algoritmo proposto, designado por novo sistema de criptografia de chave pública multipares de limiar, para proteger os votos no EVM contra ataques e na cópia de segurança. O EVM ligado ao servidor remoto no nosso modelo proposto, centra-se na simulação dos protocolos de execução do modelo EVM de limiar proposto para criar uma aplicação Web que forneça o registo de eleitores, a emissão de votos, a encriptação e o armazenamento de cópias de segurança dos votos no EVM utilizando as chaves públicas do funcionário da cabina de voto ou da estação e será acedido por uma chave privada única do funcionário eleitoral utilizando o criptossistema de chaves públicas multipares. Neste capítulo, apresentámos todos os ecrãs relacionados com a aplicação, com resultados que verificam e validam o modelo e o algoritmo propostos.

Este capítulo destina-se às conclusões relativas a toda a tese e sugere novas aberturas. Assim, a tese foi concebida para ter cinco capítulos. Apresenta também uma bibliografia compacta/detalhada, para além de gráficos, quadros e outras ilustrações que reforçam a presente tese.

CONCLUSÃO

Neste capítulo, discutimos a introdução à máquina de votação eletrónica. As caraterísticas da máquina de voto eletrónica em comparação com os métodos tradicionais são apresentadas com uma grande variedade de aplicações. Os diferendos relacionados com o método tradicional são eliminados, proporcionando segurança e facilidade de reserva. Em seguida, são discutidos os problemas enfrentados pela máquina de votação eletrónica. Também são apresentados os critérios de segurança que são essenciais para a votação. Na fase seguinte, discutimos a necessidade de segurança na máquina de voto. São também analisadas as várias vulnerabilidades possíveis na máquina de voto. É realçada a importância da segurança, que pode alterar o resultado das eleições num país democrático. Para ultrapassar estes problemas, são discutidas algumas medidas de segurança. O principal objetivo desta tese é garantir a segurança utilizando técnicas de criptografia. Estamos a implementar um sistema de criptografia de chave pública multipar de limiar para aumentar a segurança da máquina de voto eletrónica.

Capítulo 2

Criptosistema de chave pública multipares com limiar

2.1 . SIGNIFICADO DA CRIPTOGRAFIA

A segurança informática engloba medidas de implementação para proteger os recursos armazenados no computador contra ameaças. A segurança da rede inclui técnicas para proteger contra ameaças os recursos, como os dispositivos de rede, os meios de transmissão da rede e os dados transmitidos através da rede. A criptografia (a ciência de alterar o texto simples através da substituição ou transposição de caracteres) é uma parte essencial do fornecimento de confidencialidade, integridade e autenticação de dados na segurança [25]. A criptografia é melhor compreendida se for dividida em quatro primitivas principais; a base para a conceção de vários sistemas de criptografia. As seguintes primitivas garantirão soluções para os três principais objectivos criptográficos (i.e.) CIA, que significa confidencialidade, integridade e autenticação.

- Geração de números aleatórios: uma técnica computacional concebida para gerar uma sequência de números ou símbolos sem qualquer padrão, ou seja, que aparecem aleatoriamente, utilizada em muitos algoritmos de criptografia para a geração de chaves.
- Encriptação simétrica: apenas uma única chave é utilizada para encriptar e desencriptar uma mensagem.
- Encriptação assimétrica: são utilizadas duas chaves distintas, uma chave pública e uma chave privada, para a encriptação e a desencriptação, respetivamente.
- Função de hash: pega numa mensagem de qualquer tamanho e calcula uma mensagem mais pequena, de tamanho fixo, designada por hash. As funções de hash são utilizadas para proporcionar um melhor desempenho ao assinar grandes blocos de dados utilizando encriptação assimétrica, para proporcionar integridade em protocolos de autenticação e para criar dados pseudo-aleatórios.

Os algoritmos criptográficos anteriores são quebrados por computadores que podem tentar milhões de combinações por segundo. À medida que os computadores se tornam mais potentes, os algoritmos criptográficos têm de ser concebidos de forma mais forte para manter os dados seguros. Uma vez que é utilizada uma única chave para a cifragem e a decifragem, o sistema de criptografia simétrico exige a transferência de uma chave secreta para ambas as partes da comunicação antes de se poder iniciar uma comunicação segura. A chave secreta partilhada entre as partes da comunicação é um problema, uma vez que é necessário um canal confidencial seguro. Assim, este problema da chave partilhada é eliminado no sistema de criptografia de chave pública, o que nos levou a concentrar-nos no sistema de criptografia assimétrica e na sua funcionalidade.

2.2 PRIMITIVOS CRIPTOGRÁFICOS

Desde a antiguidade até à atualidade, têm sido enviadas mensagens secretas. Classicamente, a necessidade de comunicação secreta ocorreu na diplomacia e em assuntos militares. Agora, com a generalização da comunicação eletrónica, o sigilo tornou-se uma questão importante. Recentemente, com o advento da banca eletrónica, o sigilo tornou-se necessário mesmo para as transacções financeiras. Por conseguinte, existe um grande interesse nas técnicas que permitem tornar as mensagens ininteligíveis para todos, exceto para o destinatário pretendido.

2.2.1 TERMINOLOGIA

A disciplina dedicada ao sistema de segredo é designada por criptologia.

- A criptografia é a parte da criptologia que se ocupa da conceção e implementação de sistemas de segredo, enquanto a criptanálise tem por objetivo quebrar esses sistemas.
- Uma mensagem que deve ser alterada para uma forma secreta é designada por texto simples.
- Uma cifra é um método para alterar uma mensagem de texto simples para texto cifrado, alterando as letras do texto simples através de uma transformação.
- A chave determina a transformação específica de um conjunto de transformações possíveis que deve ser utilizada.
- O processo de transformação do texto simples em texto cifrado é designado por encriptação ou cifragem.
- O processo inverso de transformar o texto cifrado de novo em texto simples pelo recetor pretendido, que possui conhecimento do método para o fazer, é designado por descodificação ou decifração.

2.2.2 . TIPOS DE CIFRAS

2.2.2.1 CIFRAS DE CARACTERES

O sistema de segredo baseia-se na transformação de cada letra da mensagem de texto simples numa letra diferente para produzir o texto cifrado. Estas cifras são designadas por cifras de caracteres ou cifras monográficas [13]. Uma vez que cada letra é alterada individualmente para outra letra através de uma substituição. No total, existem 26! formas possíveis de produzir uma transformação monográfica, e vamos discutir um conjunto que se baseia na aritmética modular.

As equivalências numéricas das letras são dadas a seguir

Carta	A	B	C	D	E	F	G	H	I	J	K	L	M
Equivalência numérica	00	01	02	03	04	05	06	07	08	09	10	11	12
Carta	N	O	P	Q	R	S	T	U	V	W	X	Y	Z
Equivalência numérica	13	14	15	16	17	18	19	20	21	22	23	24	25

Seja M a equivalência numérica de uma letra do texto simples e C a equivalência numérica da letra correspondente do texto cifrado. As transformações de deslocamento são da forma.

$C\,M= +$ K (mad 26),0 C< < 25

Onde K é a chave, representando o tamanho da deslocação das letras do alfabeto.

Para decifrar a mensagem, o transfarmatiano inverso é

$M= C - K$(mod 26),0 M<< 25

Geralmente, podemos considerar o transfarmatian af do tipo

$C\,aM= +$ b (mod 26),0 C< < 25

Onde a e b são números inteiros com (a, 26) = 1

Estas são as chamadas transformações afins. As transformações de deslocação são transformações afins com a = 1

A relação inversa é dada por

$$M \equiv \bar{a}(c-b);0 \le M \le 25$$

Em que $\bar{a}$ é o inverso de a mod 26.

2.2.2.2 Cifras de bloco

Já vimos que as cifras monográficas baseadas na substituição são vulneráveis à criptanálise com base na frequência das letras que ocorrem no texto cifrado. Para evitar esta fraqueza, foram desenvolvidos sistemas de cifra que substituem por cada bloco de letras de texto simples de um determinado comprimento, um bloco de letras de texto cifrado do mesmo comprimento. As cifras deste tipo são designadas por cifras de bloco ou cifras poligráficas [25].

Neste sistema, divide-se o texto simples em blocos de n letras, traduzindo as letras nos seus equivalentes numéricos e formando o texto cifrado através da relação

$C= AP$ (mod 26)

Em que A é uma matriz n x n e (det A, 26) = 1

$$C = \begin{bmatrix} C_1 \\ C_2 \\ . \\ . \\ . \\ C_n \end{bmatrix}, \qquad P = \begin{bmatrix} P_1 \\ P_2 \\ . \\ . \\ . \\ P_n \end{bmatrix}$$

Em que C1C2 -------- Cn é o bloco de texto cifrado que corresponde ao texto simples bloco P1P2----------- Pn.

Finalmente, os números do texto cifrado são traduzidos de volta para letras.

Para a decifração utilizamos a matriz A , uma inversa de A módulo 26 que pode ser obtida de modo a que

$$A\bar{A} \equiv I \pmod{26}$$
$$C \equiv AP \pmod{26}$$
$$\bar{A}C \equiv \bar{A}(AP) \pmod{26}$$
$$\bar{A}C \equiv (\bar{A}A)P \pmod{26}$$
$$\bar{A}C \equiv P \pmod{26}$$
$$P \equiv \bar{A}C \pmod{26}$$

Esta é a fórmula para decifrar a mensagem encriptada.

2.2.2.3 CIFRAS EXPONENCIAIS

Discutiremos agora uma cifra baseada na exponenciação modular que foi inventada em 1978 por Pohlig [19] e Hellman. Veremos que as cifras produzidas por este sistema são resistentes à criptanálise.

Seja p um primo ímpar e seja e a chave de cifragem, um número inteiro positivo com gcd (e, p-1) = 1. Para cifrar uma mensagem, começamos por traduzir as letras da mensagem em equivalentes numéricos. De seguida, agrupamos os números resultantes em blocos de 2m dígitos decimais, em que 2m é o maior número inteiro par positivo de modo a que todos os blocos de equivalentes numéricos correspondentes a m letras sejam inferiores a p [12].

Para cada bloco de texto simples P, que é um número inteiro com 2m dígitos decimais, formamos um bloco de texto cifrado C utilizando a relação.

$$C \equiv P^{e} \pmod{p}, o \le C < p$$

A mensagem de texto cifrado é constituída por estes blocos de texto cifrado que são números inteiros inferiores a p.

Como gcd (e, p-1) = 1 Então 3 um único inteiro d chamado inverso de e tal que
Esta é a fórmula para decifrar a mensagem secreta.

$$ed \equiv 1 \pmod{p-1}$$
$$ed - 1 \equiv 0 \pmod{p-1}$$
$$ed - 1 = \alpha(p-1) \text{------} \rightarrow (1)$$
$$ed = 1 + \alpha(p-1)$$
$$\text{Now } C \equiv P^{e} \pmod{p}, o \le C < p$$
$$C^{d} \equiv (P^{e})^{d} \pmod{p}, o \le C < p$$
$$C^{d} \equiv P^{ed} \pmod{p}, o \le C < p$$
$$C^{d} \equiv P^{1+\alpha(p-1)} \pmod{p}$$
$$C^{d} \equiv P(P^{p-1})^{\alpha} \pmod{p} \text{---------} \rightarrow (2)$$
$$\text{According to Fermat's Theorem}$$
$$\text{We have } (P, p) = 1 \Rightarrow P^{p-1} \equiv 1 \pmod{p} \text{-----} \rightarrow (3)$$
$$\text{from } (2) \& (3)$$
$$C^{d} \equiv P.1 \pmod{p}$$
$$P \equiv C^{d} \pmod{p} \; o \le P < p$$

2.3 ESQUEMAS CRIPTOGRÁFICOS

A palavra Criptologia deriva do grego que significa "palavra escondida" e é o termo geral utilizado para descrever todo o domínio das comunicações secretas. A criptologia divide-se em duas subdivisões: a criptografia e a criptanálise.

A criptografia [14] é o estudo de técnicas matemáticas relacionadas com aspectos da segurança da informação, como a confidencialidade, a integridade dos dados, a autenticação de entidades, a autenticação da origem dos dados e o não repúdio. O criptanalista procura piratear o trabalho do criptógrafo, quebrando uma cifra ou forjando sinais codificados que serão aceites como autênticos.

2.3.1 DEFINIÇÃO

Um criptossistema é um conjunto de cinco elementos (M, C, K, E, D), em que as seguintes condições são satisfeitas:

> M é um conjunto finito de possíveis textos simples ou mensagens.

> C é um conjunto finito de possíveis textos de cifra ou criptogramas.

> K é um conjunto finito de chaves possíveis.

> Para cada $k \in K$, existe uma regra de cifragem - "$E_k \in E$ _ e uma decifragem correspondente regra D_k ^{e} D.

Cada E_k: $M \rightarrow C$ and D_k:$C \rightarrow M$ são funções tais que Dk (Ek(m)) = m para cada mensagem m ^{e} M. Existem dois tipos principais de sistemas de criptografia

1. Criptosistema de chave simétrica
2. Criptosistema de chave pública.

2.3.2 CRIPTOSISTEMA DE CHAVE SIMÉTRICA

Considere-se um esquema de cifragem constituído pelos conjuntos de transformações de cifragem e de decifragem $\{E_k|k \in K\}$ and $\{D_k|k \in K\}$ respetivamente, em que k é o espaço de chaves.

Diz-se que o esquema de cifragem é simétrico - chave se, para cada par de transformações de cifragem ou decifragem (Ek, Dk), for computacionalmente "fácil" determinar Dk conhecendo apenas Ek e determinar Ek a partir de Dk.

Uma vez que Ek = Dk na maioria dos sistemas práticos de cifragem de chave simétrica, o termo chave simétrica torna-se apropriado. Outros termos utilizados na literatura são chave única, chave de uma chave e chave de encriptação convencional.

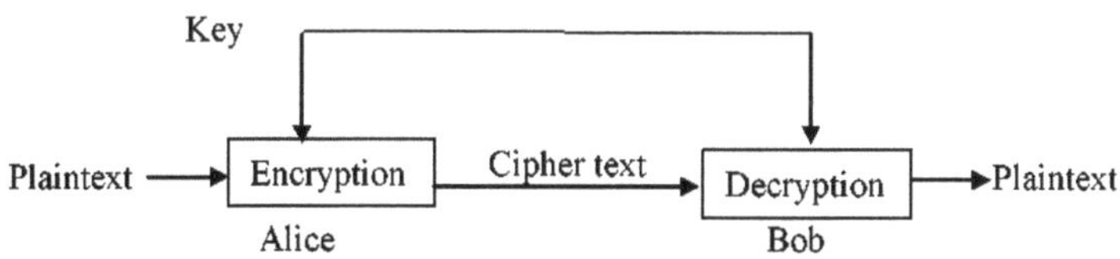

Fig 2.1: Encriptação de chave simétrica

2.4. CRIPTOSISTEMA DE CHAVE PÚBLICA

O conceito de criptosistema de chave pública foi introduzido pela primeira vez por Diffie e Hellman [25] em 1976. A principal motivação da criptografia de chave pública é eliminar o ónus da partilha de chaves na criptografia de chave simétrica, em que é necessária uma chave separada para cada par de utilizadores para comunicar em privado. Mais precisamente, se houver n utilizadores que queiram trocar dados secretos utilizando a criptografia de chave simétrica, são necessárias $\frac{n(n-1)}{2}$ chaves e este número aumenta rapidamente à medida que o número de utilizadores cresce. No entanto, na criptografia de chave pública, cada utilizador cria um par de chaves, uma das quais deve ser divulgada e a outra deve ser mantida em segredo. A chave divulgada, designada por "chave pública", é utilizada como chave de encriptação e a chave secreta, designada por "chave privada", é utilizada como chave de desencriptação. Consequentemente, não há problema de partilha de chaves como na criptografia de chave simétrica. Outra conquista notável da criptografia de chave pública é o facto de se poder construir um esquema de assinatura digital utilizando a chave privada como chave de geração da assinatura e a chave pública como chave de verificação.

Encriptação de chave pública: Um esquema de encriptação de chave pública é um dos esquemas criptográficos fundamentais de chave pública e pode ser descrito da seguinte forma.

Assumimos que um remetente, aqui designado por Alice (como é habitualmente utilizado), pretende enviar uma mensagem m a um destinatário designado por Bob.

Geração de chaves: Bob (o recetor) cria o seu par de chave privada e chave pública, que designamos por SKB e PKB, respetivamente.

Encriptação: Utilizando a chave pública PKB de Bob, Alice (o remetente) cifra a sua mensagem M e obtém um "texto cifrado C'.

Descodificação: Ao receber o texto cifrado C de Alice, Bob decifra-o utilizando a sua chave privada SKB para recuperar o texto simples M.

A figura seguinte ilustra o esquema de um sistema de encriptação de chave pública.

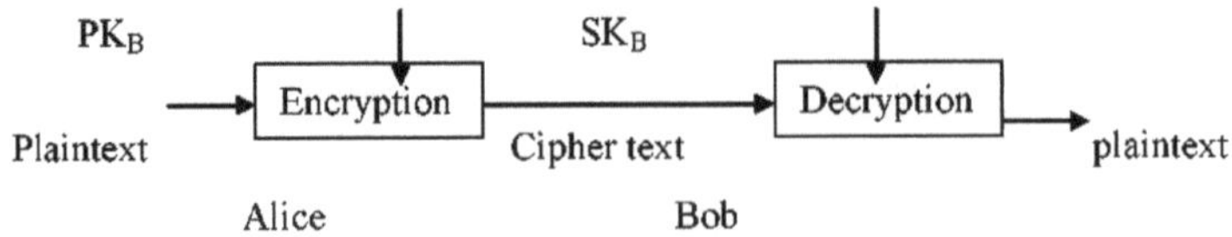

Fig 2.2 : Encriptação de chave pública

É claro que a chave pública PKB do Bob não deve comprometer o carácter secreto da chave privada SKB.

2.5. CRIPTOSISTEMA RSA

No entanto, a primeira realização prática de um sistema de criptografia de chave pública (encriptação) foi realizada por Rivest, Shamir e Adleman em 1978. O seu criptosistema de chave pública (esquema de cifragem) é simplesmente designado por "criptosistema de chave pública RSA" [24, 25]. Este criptosistema funciona em Zn, onde n é o produto de dois
grandes primos p e q e a sua segurança baseia-se na dificuldade de fatorizar n. O criptosistema RSA pode ser descrito da seguinte forma

Geração de chaves: O recetor Bob escolhe aleatoriamente grandes números primos p e q, calcula n = pq, calcula $\phi(n) = (p-1)(q-1)$, escolhe um número inteiro aleatório e, em que $0 < e < \phi(n)$ tal que $(e, \phi(n)) = 1$; utilizando o algoritmo Euclidiano para calcular o único número inteiro d, em que $0 < d < \phi(n)$, tal que ed 1= $(\text{mod } \phi(n))$ divulga a sua chave pública PKB = (n, e) enquanto mantém em segredo a sua chave privada SKB = (p, q, d).

Encriptação: Utilizando a chave pública PKB de Bob, a remetente Alice encripta a sua mensagem M como um número inteiro no intervalo 0, 1, 2, ... (n-1) e encripta M criando um texto cifrado C
de tal forma que

$$C \equiv M^e (\text{mod } n)$$

Descodificação: Ao receber o texto cifrado C de Alice, Bob decifra-o utilizando a sua chave privada SKB e recupera o texto simples M calculando

$$M \equiv C^d (\text{mod } n)$$

O Algoritmo RSA

Geração de chaves	
Selecione p, q p e q são ambos	
Calcular n = pq	
Calcular $\phi(n) = (p-1)(q-1)$	
Selecionar o número inteiro e	gcd ($\phi(n)$, e) = 1, 1<e< $\phi(n)$)
Calcular d	d = e^{-1} (mod^ (n))
Chave pública	{e, n}
Chave privada	{d, n}
Encriptação	**Descriptografia**
Plaintext M<n	Texto cifrado C < n
Texto cifrado	Plaintext M= Cd (mod n)
C= Me (mod n)	

2.6. VARIAÇÕES DE RSA

Um dos melhores exemplos de criptografia de chave pública é o algoritmo RSA, que é aplicado sempre que a segurança, a privacidade e a autenticidade são essenciais nos dados digitais. O RSA utiliza várias chaves para a cifragem e a decifragem, o que resulta na comunicação confidencial de mensagens. O funcionamento do RSA é melhor se o valor da chave for longo, porque os factores de n são difíceis de assumir e o algoritmo RSA demora mais tempo a funcionar. Assim, o algoritmo RSA é utilizado para encriptar uma mensagem curta ou uma chave aleatória k, que é bastante curta. A fim de melhorar o algoritmo RSA para aplicações alargadas, foram propostas extensões do algoritmo com novas alterações no desenvolvimento [5, 22].

1. LOTE RSA

A primeira variante do RSA é o algoritmo Batch RSA, utilizado para o processo de encriptação e desencriptação. O principal mérito do é a melhoria da velocidade do processo de desencriptação. O RSA em lote mantém a segurança do sistema de criptografia. O RSA em lote é quatro vezes mais rápido do que o RSA. O tempo de encriptação também é rápido no RSA em lote. Mas o principal inconveniente é o tempo de geração da chave. O RSA em lote demora o dobro do tempo quando comparado com o RSA básico, pelo que é adequado para expoentes públicos pequenos, caso contrário, é demasiado dispendioso para aritmética adicional [8, 10].

Geração de chaves: Dado um parâmetro de segurança *n* e três parâmetros adicionais *k, c* e *b* como entradas, onde *b* é o tamanho do lote.

Passo 1 : Gerar dois números primos distintos de (*n/2*)bits, *p* e *q*, e calcular as suas produto *N* e $\varphi(N) = (p-1)(q-1)$.

Passo 2 : Sejam ei,e2...,eb expoentes de encriptação diferentes, relativamente primos de $\varphi(N)$ e entre si. O expoente público *e* deve ser muito pequeno. Caso contrário, a aritmética adicional necessária é demasiado dispendiosa. Cada ei calcula, $1 \leq i \leq b$, d_i -e_i^{-1} mod $\varphi(N)$.

Passo 3 : Calcular e=e1 x e1 x ...eb e d= *d1* x *d*2x... db mod ^(*N*).

Passo 4 : A chave privada é (N, di) e a chave pública é (N, ei) para cada encriptação, para 1 <i < *b*

Encriptação: O processo de encriptação do RSA em lote é o seguinte.

Passo 1: Consideram-se as mensagens *m1*,...,*mb* e *ci* é calculado por *ci* = mi^{ei} mod *N*.

Passo 2: Calcular $A_0 = \pi_i c_i^{e/ei}$ em que i=1...b

Descriptografia: O processo de descriptografia do RSA em lote é o seguinte.

Passo 1: Calcular $A = A_0^{1/e} = \pi_{i=1}^{b} c_i^{1/ei}$

Passo 2: Mi = $ci^{1/ei}$ = $\frac{Axi}{ci\ (xi\ -1)/pi\ .\ \delta i\ ?\ j\ cjxi/pi}$ em que xi = 1 mod pi e xj = 0 mod pj

2. RSA MULTIPRIME

A variante seguinte é o RSA multi-prime, em que k primos substituem os dois primos tradicionais P e Q. Assim, o módulo RSA foi modificado para acelerar as implementações RSA. O M-Prime requer a redução ao quadrado e a redução da multiplicação de números inteiros de precisão múltipla. A vantagem do RSA M-Prime é o tempo de desencriptação, que é oito vezes mais rápido do que o RSA original. A segurança é garantida até três factores primos, mas, se forem mais de três, o algoritmo não garante a segurança. A desvantagem inclui a fase de encriptação, que é semelhante ao RSA básico. Mas é mais adequado para a geração de chaves de números primos aleatórios pequenos do que de números primos aleatórios grandes.

O RSA-CRT multiprime utiliza fundamentalmente o algoritmo RSA com mais de dois números primos. O algoritmo é descrito a seguir:

GERAÇÃO DE CHAVES

As etapas incluídas na operação de geração de chaves do RSA multi-prime são ilustradas da seguinte forma

1. Selecionar aleatoriamente três primos grandes *p*, *q* e *r*, cada um dos quais com n/3 bits de comprimento.
2. Conjunto $N = p \times q \times r$ and $\varphi(N) = (p-1) \times (q-1) \times (r-1)$
3. Escolha aleatoriamente um número inteiro ímpar *e* tal que gcd $(e, \varphi(N)) = 1$, exemplo, $e = 2^{16}+1 = 65537$
4. Depois disso, calcule $d = e{-}1 \bmod \varphi(N)$
5. Finalmente, calcular *dp* = d mod (*p* - 1), *dq* = d mod (*q* - 1) e *dr* = d mod (*r* - 1)
6. A chave pública seria (*e*, N) e a chave privada seria (*dp*, *dq*, *dr*, *p*, *q*, *r*)

ENCRYPTION

Para um dado texto simples m que pertence a Z^N, o algoritmo de cifragem é o mesmo que o do RSA original: c = m^e mod N.

DESCRITURAÇÃO

Para decifrar um texto *cifrado c*:

1. A decifração começa por calcular $m1 = {}^{cp(dp)} mod\ p$, $m2 = {}^{cq(dq)}$ mod q, e $m3 = cr^{dr}$ mod r em que cp = c $mod\ p$, cq = c mod q e cr = c mod r
2. Em seguida, utilizando a CRT, m pode ser obtido como m = cd mod N $(q \times r)^{-1}$ $mod\ p$, $(p \times r)^{-1}$ mod q e $(p \times q)^{-1}$ mod r podem ser pré-calculados de modo a aumentar a sua eficiência.

3. RSA REEQUILIBRADA

Uma variante utilizada para reequilibrar a dificuldade da cifragem e da decifragem é o RSA reequilibrado, que é utilizado para aumentar ainda mais o processo de decifragem RSA, transferindo o custo da decifragem para a cifragem. Mas isto aumenta o custo da cifragem. Quando comparado com outros algoritmos, o tempo de processamento é maior porque o tamanho da chave pública é muito grande. Não há muita complexidade na concorrência de segurança, mas o tempo de geração da chave é superior ao do RSA básico, uma vez que é necessário calcular adicionalmente dois primos aleatórios.

As etapas de geração de chaves, cifragem e decifragem do RSA Rebalanceado são as seguintes.

GERAÇÃO DE CHAVES

O algoritmo de geração de chaves utiliza dois parâmetros de segurança n e k, em que k<n/2. Gera uma chave RSA da seguinte forma:

1. Gerar dois números primos distintos (n/2)-bit p e q com gcd(p - 1, q - 1) = 2.
2. Calcular N=p*q.
3. Escolher dois valores aleatórios de k bits r1 e r2 tais que gcd(r1, p - 1) = 1 e gcd (r2, q - 1) = 1 e r1 = r2 mod 2
4. Encontrar um d tal que d = rl mod (p - 1) e d = r2 mod (q - 1).
5. Calcular e =d^{-1} mod phi(N). A chave pública é (N, e); a chave privada é (p, q, r1, r2).

ENCRYPTION

A encriptação utilizando a chave pública (N, e) é idêntica à encriptação no RSA normal. O único problema é que, como e é muito maior do que no RSA padrão, a encriptação deve estar disposta a aceitar tais chaves públicas. No momento em que este artigo foi escrito, todos os browsers que testámos estavam dispostos a aceitar tais chaves, exceto o Internet Explorer (IE) da Microsoft. O IE permite um máximo de 32 bits para e.

DESCRITURAÇÃO

Para decifrar um texto cifrado C utilizando a chave privada (p, q, r1, r2), faz-se o seguinte

Passo 1: Calcular M1=Cr1 mod p e M2 =Cr2 mod q.

Passo 2: Utilizando a CRT, calcular um M € ZN tal que M = M1 mod p e M = M2 mod q.

Note-se que M = C^d mod N. Por conseguinte, a M resultante é uma descodificação correta de C.

ANÁLISE DA RSA E DAS SUAS VARIANTES

É efectuada uma análise alargada do RSA e das variantes do RSA: Batch, M-Prime e Rebalanced. São analisadas as três fases, ou seja, a geração da chave, a cifragem e a decifragem.

FASE DE GERAÇÃO DE CHAVES

O algoritmo RSA reequilibrado demora mais tempo a processar a geração de chaves quando comparado com outros algoritmos. Uma vez que gera quatro números primos aleatórios e utiliza a GCD três vezes, é necessário mais tempo e o RSA demora menos tempo.

FASE DE ENCRIPTAÇÃO

O M-Prime e o RSA básico demoram o mesmo tempo no processo de cifragem porque ambas as técnicas são iguais e o RSA reequilibrado demora mais tempo porque o valor e do RSA reequilibrado é muito elevado. O RSA em lote demora uma a quatro vezes mais tempo do que o RSA básico no processo de cifragem.

FASE DE DECIFRAÇÃO

O RSA reequilibrado demora um tempo mínimo no processo de desencriptação, em comparação com os outros dois algoritmos, porque o valor d é mais pequeno quando os outros algoritmos são executados. O RSA de lote seguinte melhora a velocidade do processo de desencriptação até duas vezes mais do que o RSA básico de b=2.

2.7 PROPOSTA DE CRIPTOSISTEMA DE CHAVE PÚBLICA MULTIPARES

O critério necessário para a conceção do sistema de criptografia de chave pública multipares proposto é a obtenção de segurança na máquina de votação eletrónica. Esta segurança é proporcionada por um método de criptologia muito difundido recentemente nas comunicações electrónicas. Para evitar a fuga de informação e para proporcionar mais segurança e eliminar os problemas de partilha de chaves, é utilizado o sistema de criptos de chave pública [20].

Os antigos algoritmos utilizados na máquina de votação eletrónica consistem numa única chave pública, o que cria problemas como menos velocidade, mais tempo para o processo de cifragem e mais espaço de armazenamento para evitar vários problemas. A segurança apertada e o processo de recuperação são possíveis através da aplicação de um novo algoritmo designado por Sistema de Criptografia de Chave Pública Multipares proposto. Este criptosistema gera um par de chaves públicas e uma única chave privada. Através deste método, a desencriptação é efectuada de forma mais eficiente. Este algoritmo contém três fases: geração de chaves, cifragem e decifragem.

FASE DE GERAÇÃO DE CHAVES

Geralmente, são utilizadas duas chaves: a chave pública e a chave privada. A chave pública é conhecida por todos e é utilizada para a encriptação. Os dados encriptados podem ser desencriptados ou convertidos utilizando uma chave chamada chave privada.

Algoritmo: Fase de geração de chaves

1. Select p, q, r and s where $p \neq q \neq r \neq s$ and both p, q, r, s are prime numbers.
2. Determine n = p x q x r x s
3. Compute φ (n) = (p-1) x (q-1) x (r-1) x (s-1)
4. Choose an integer e such that gcd (φ (n), e) = 1 and 1 < e < φ (n)
5. Evaluate d as d ≡ e-1 (mod φ (n))
6. Calculate the ed = e x d and Eued = ed
7. Repeat the steps until find the e1,e2,e3,e4

```
    7.1.   Eued = Eu.add(Eued);
    7.2    g = Eued.mod(Eu);
    7.3    if (g.intValue() == 1)
              { eval=Eued.mod(d); }
    7.4    if (eval.intValue()==0)
                {
                E[j]=Eued.divide(d); // Alternatives for e, that is e1,e2,e3,e4
                }
    End loop
```

8. Public Key (PU) = {e1, e2, e3, e4, n}
9. Private Key (PR) = {d, n}

Fase de encriptação

O texto simples é uma mensagem que é utilizada para ser alterada para uma forma secreta. O processo de transformação do texto simples em texto cifrado é designado por cifragem ou encriptação. Esta encriptação é efectuada utilizando uma chave pública.

i. Obter um texto simples M tal que M <n.
ii. Calcular o texto cifrado como $C = M^e$ mod n //onde e é qualquer uma das chaves públicas (e1, e2, e3, e4)

Fase de desencriptação

O processo inverso de transformar o texto cifrado de novo no texto simples pelo recetor com o conhecimento é designado por descodificação ou decifração. A chave determina a transformação específica que é necessária para a utilização.

i. Obter o texto cifrado C.

ii. Calcular o texto simples como $M = C^d \bmod n$

2.8 IMPLEMENTAÇÃO DO ALGORITMO MPPK

O código seguinte é desenvolvido em Java para testar o algoritmo MPPK, que utiliza bibliotecas Java normais, como Math, Utility classes, sql classes, etc

```
//Implementation of MPPK Algorithm
import java.math.BigInteger;
import java.util.*;
import java.sql.*;
import java.math.*;
import java.io.*;
// classpath   set classpath=.;c:/jdk1.8/lib/mysql-connector-java-5.1.31-bin
public class MultiplePublicKeysFinal{
public    static    BufferedReader    br=new    BufferedReader(new
InputStreamReader(System.in));
StringTokenizer st;
private static int ch;
static  long startTime;
static long stopTime,ptime;
static BigInteger  Me, M1, C,eval;
static BigInteger  e = new BigInteger("1"), o = new BigInteger("1"), n, d = new
BigInteger("1"), Eu,e2 = new BigInteger("1");
static BigInteger key[],Mp[],Mq[],Mr[];
public static boolean res;
```

```
static String Msg, PlainTxt, S, Ci,ans,sname,pid;
public static Scanner cin;
 int M[], k,j;
static String ukey,ukey2,vid;
static int Ptxt[],cnt,iMsg,id;
static BigInteger p, q,r, s,g;
static Random rng;
static Connection con;
static ResultSet rs;
static PreparedStatement ps;
public MultiplePublicKeysFinal(int size)
{
ans="";pid="";
con=null;
rs=null;
ps=null;
 cin= new Scanner(System.in);
  o = new BigInteger("1");
PlainTxt=new String();
}
   public static BigInteger[] genKeys(BigInteger p, BigInteger q,BigInteger
r,BigInteger s) {
      int i, k;
         System.out.println("\nKey Generation Phase starts....");
      n = ((p.multiply(q)).multiply(r).multiply(s));
         //n=new BigInteger("210");
         System.out.println("n:.."+n+"\nn(bits):"+n.bitLength());
         Eu                                                          =
((((p.subtract(o)).multiply(q.subtract(o))).multiply(r.subtract(o))).multiply(s.subtract(o)
));
         //Eu=new BigInteger("48");
         System.out.println("Eu:.."+Eu);
      BigInteger eval=new BigInteger("1");
```

```
for (i = 30; i < 200; i += 1)
{
    eval=new BigInteger(""+i);
    g = Eu.gcd(eval);
    if (g.intValue() == 1)// && Me.pow(Prime[i].intValue()).compareTo(n)==1)
    {
        e = eval;
        d = e.modInverse(Eu);


            break;
                }       }

    //e=new BigInteger("7");
    //d=new BigInteger("7");
BigInteger[] keys = new BigInteger[4];
keys[0] = n;
keys[1] = Eu;
keys[2] = e;
keys[3] = d;
    System.out.println("\n e:"+e+"\nd:"+d);
return keys;
}

public static BigInteger enCrypt(BigInteger e, BigInteger n, BigInteger M) {
    //System.out.println("e:"+e+"\nn:"+n+"\nM:"+M);
return M.modPow(e, n);
}
public static int deCrypt(BigInteger C, BigInteger n, BigInteger d)
{
return C.modPow(d, n).intValue();
}

public static void main(String args[])throws IOException
{
```

```
try {

Class.forName("com.mysql.jdbc.Driver");
con =
DriverManager.getConnection("jdbc:mysql://localhost:3306/evotingsystem?user=root
&password=admin2k");
if(con==null)
System.out.println("Connection Problem");
else
System.out.println("Connection Established");
String istr,estr,pstr;
int k,i,M[],Ptxt[],size;
ArrayList facts=new ArrayList();
BigInteger[] key=new BigInteger[4],cipher;
BigInteger ed=new BigInteger("1"),Eued=new BigInteger("1"),meu[];
BigInteger two=new BigInteger("2"),three=new BigInteger("3"),four=new
BigInteger("4");
System.out.println("\n Enter the p,q,r,s size:");
size=Integer.parseInt(br.readLine());
MultiplePublicKeysFinal obj=new MultiplePublicKeysFinal(size);
do
{
rng=new Random();
p=BigInteger.probablePrime(size,rng);
q=BigInteger.probablePrime(size,rng);
r=BigInteger.probablePrime(size,rng);
s=BigInteger.probablePrime(size,rng);
}while(((p.equals(q)))||((p.equals(r)))||((p.equals(r)))||((p.equals(s)))||((q.equals(r
)))||((q.equals(s)))||((s.equals(r))));

System.out.println("\np:"+p+"\nq:"+q+"\nr:"+r+"\ns:"+s);
startTime = System.currentTimeMillis();
key= genKeys(p,q,r,s);
```

```
 ed=key[2].multiply(key[3]);
System.out.println("\n  Ed value..."+ed);
Eu=key[1];
//Eued=ed;
n=key[0];

eval=new BigInteger("1");
meu=new BigInteger[4];
//System.out.println("\n new Ed values...");

Eued=ed;
int j=0,count=0;
  while(true)
{
        //Eued=Eu.add(Eued);
        if(count==0)
        {
        Eued=(Eu.add(e)).multiply(d);
        g = Eued.mod(Eu);
        if (g.intValue() == 1)
        {
                //System.out.println("\nEued:"+Eued);

                eval=Eued.mod(d);
                //System.out.println("\neval:"+eval);
                if(eval.intValue()==0)
                {
                 meu[j]=Eued.divide(d);
                //System.out.println("\nalternative for e:"+meu[0]);
                j++;
                count=count+1;
                                        }
        //facts=findFactors(Eued);
        }                               }
```

```
else
{
        if(count==1)
        {
         meu[1]=((meu[0].multiply(two)).subtract(e));
        System.out.println("alternative for e:"+meu[1]);
        count=count+1;
        }
        if(count==2)
        {

meu[2]=((meu[0].multiply(three)).subtract(e.multiply(two)));
                //System.out.println("alternative for e:"+meu[2]);
                count=count+1;
        }
        if(count==3)
        {

meu[3]=((meu[0].multiply(four)).subtract(e.multiply(three)));
                //System.out.println("alternative for e:"+meu[3]);
                count=count+1;
        }
        if(count==4)
break;

}
        }

stopTime=System.currentTimeMillis();
ptime=stopTime-startTime;
System.out.println("\n Key Generation Time:.."+ptime);
System.out.println("\nPublic Key pairs For EVMs\n");
System.out.println("\n (e1,e2,d):"+meu[0]+","+meu[1]+","+d);
System.out.println("\n (e3,e4,d):"+meu[2]+","+meu[3]+","+d);
```

```
System.out.println("\nVoting Phase...\n");
System.out.println("\nEnter Your Voter ID...\n");
vid=cin.next();
System.out.println("\n\n You can Vote any One of the Following Parties\n");
System.out.println("\n 101.BJP \t 203.TDP \t 405.CONGRESS \t 506.TRS \t 707.CPM\n");
System.out.println("\nenter your Choice:\n");

iMsg=Integer.parseInt(br.readLine());


switch(iMsg)
{
case 101:            Msg="BJP";
break;
case 203:            Msg="TDP";
break;
case 405:            Msg="CONGRESS";
break;
case 506:            Msg="TRS";
break;
case 707:            Msg="CPM";
break;
default:
        System.out.println("Select Any one of the Among Choices");
break;
}



M=new int[Msg.length()];
Ptxt=new int[Msg.length()];
cipher=new BigInteger[Msg.length()];
//e=new BigInteger("55");
j=0;
```

```
System.out.println("\nEncryption Phase starts...\n");

System.out.println("\nEnter Your public Key-1 for EVM Storage...");

ukey=cin.next();

e=new BigInteger(""+ukey);

startTime=System.currentTimeMillis();

System.out.println("\nEVM Encrypted VOTE Storage Process...\n");

for (k = 0; k < M.length; k += 1)
{

    M[k] = (int) Msg.charAt(k);
    S = "" + M[k];
    Me = new BigInteger(S);          //Ascci value of each Character
     C = enCrypt(e, n, Me);          //Encrypted text for each Character based on
Ascii value;

cipher[k]=C;
pid=pid+C;

}
System.out.println("\n  Encrypted Vote Stored in EVM Memory :"+pid);
stopTime=System.currentTimeMillis();
ptime=stopTime-startTime;
System.out.println("\n Encryption Time:.."+ptime);
System.out.println("\nEVM BACKUP Storage\n");
System.out.println("\nEnter Your public Key-2 for EVM Backup Storage...");
ukey2=br.readLine();
e2=new BigInteger(""+ukey2);
pid="";
for (k = 0; k < M.length; k += 1)
{
```

```
M[k] = (int) Msg.charAt(k);
S = "" + M[k];
Me = new BigInteger(S);                    //Ascci value of each Character

C = enCrypt(e2, n, Me);         //Encrypted text for each Character based on
Ascii value;

cipher[k]=C;
//System.out.print(C);
pid=pid+C;
    }
id=1;

System.out.println("\n Encrypted Vote Stored in EVM Backup  Storage :"+pid);
//System.out.println("\n Voter ID:"+vid);
con= DriverManager.getConnection("jdbc:mysql://localhost:3306/
evotingsystem?user=root&password=admin2k");
if(con!=null)
{
ps=con.prepareStatement("insert into polledvotes(partyid,voterid)values(?,?)");
ps.setString(1,pid);
ps.setString(2,vid);
int res=ps.executeUpdate();
if(res>0)
System.out.println("\nVote Backup SuccessFully");
else
System.out.println("\n Inserting ERROR");
}
else
System.out.println("\n Connection not Available");
System.out.println("\nDecryption Phase starts...");
System.out.println("\nEnter Your private Key...");
ukey=cin.next();
d=new BigInteger(""+ukey);
```

```
        startTime=System.currentTimeMillis();
        for(k=0;k<Msg.length();k++)
        {
                Ptxt[k] = deCrypt(cipher[k], n, d);



          }
         PlainTxt = new String(Ptxt, 0, Msg.length());


        stopTime=System.currentTimeMillis();
        ptime=stopTime-startTime;
        System.out.println("\n Key Decryption Time:.."+ptime);


        System.out.println("\nDecrypted string:"+PlainTxt);

}catch(Exception ex){System.out.println("\n"+ex.toString());}


}
public static ArrayList findFactors(BigInteger eued)
{
int sumofeued,i;
ArrayList factors=new ArrayList();
sumofeued=eued.intValue();
System.out.println("\n Factors of sumofeued...");
for(i=2;i<(sumofeued)/2;i++)
{
        if(sumofeued%i==0)
        {
        factors.add(""+i);
        System.out.print(i+"\t");
        }
}
return factors;}
}
```

2.9 Ilustrações em tempo real do MPPK

Ilustração-1

O algoritmo MPPK é utilizado para encriptar cada voto no EVM que é armazenado na sua memória e também no servidor remoto.

```
C:\jdk1.8\bin>java MultiplePublicKeysFinal
 Enter the p,q,r,s size:
8
p:211
q:167
r:223
s:233

Key Generation Phase starts....
n:..1830879283
n(bits):31
Eu:..1795429440
 e:31
d:405419551

  Ed value...12568006081
 alternative for e:3590858911


Public Key pairs For EVMs
 (e1,e2,d):1795429471,3590858911,405419551
 (e3,e4,d):5386288351,7181717791,405419551

Voting Phase...
Enter Your Voter ID...
23901
 You can Vote any One of the Following Parties
 101.BJP        203.TDP        405.CONGRESS    506.TRS        707.CPM
enter your Choice:
203
Encryption Phase starts...

Enter Your public Key-1 for EVM Storage...
1795429471
EVM Encrypted VOTE Storage Process...
  Encrypted Vote Stored in EVM Memory :15308452943131529354111156836

EVM BACKUP Storage

Enter Your public Key-2 for EVM Backup Storage...
3590858911
 Encrypted Vote Stored in EVM Backup  Storage :15308452943131529354111156836
Vote Backup SuccessFully
```

Decryption Phase starts...

Enter Your private Key...
405419551

Decrypted string:TDP
Illustration-2

MPPK algorithm is used to encrypt entire votes in EVM that are stored in its memory and also in Remote server.

F:\srd>javac MultiplePublicKeysFinal1.java

F:\srd>java MultiplePublicKeysFinal1

Enter the p,q,r,s size:
16

Key Generation Phase starts....Based on EVM Data
n:..2857611050173738961
n(bits):62
Eu:..2857330987542620928
e:31
d:1382579510101268191

Ed value...4285996481313931392l
alternative for e:5714661975085241887
Public Key pairs For EVMs

(e1,e2,d):2857330987542620959,5714661975085241887,1382579510101268191

(e3,e4,d):8571992962627862815,11429323950170483743,1382579510101268191

Voting Phase...

Enter Your Voter ID...

xyz4654765

You can Vote any One of the Following Parties

101.BJP
203.TDP
405.CONGRESS
506.TRS
707.CPM

Choose the code to Vote for Political Party :

101

Enter Your Voter ID...

xyz7868686

You can Vote any One of the Following Parties
101.BJP
203.TDP
405.CONGRESS
506.TRS
707.CPM

Choose the code to Vote for Political Party :

203
Enter Your Voter ID...

xyz9867577
You can Vote any One of the Following Parties
101.BJP
203.TDP
405.CONGRESS
506.TRS
707.CPM

Choose the code to Vote for Political Party :

405
Enter Your Voter ID...

xyz457457

You can Vote any One of the Following Parties

101.BJP
203.TDP
405.CONGRESS
506.TRS
707.CPM

Choose the code to Vote for Political Party :

203

Enter Your Voter ID...

xyz4576787

You can Vote any One of the Following Parties

101.BJP

203.TDP
405.CONGRESS
506.TRS
707.CPM

Choose the code to Vote for Political Party :

101

Enter Your Voter ID...

xyz678956

You can Vote any One of the Following Parties

101.BJP
203.TDP
405.CONGRESS
506.TRS
707.CPM

Choose the code to Vote for Political Party :

101
Enter Your Voter ID...

xyz678786

You can Vote any One of the Following Parties

101.BJP
203.TDP
405.CONGRESS
506.TRS
707.CPM

Choose the code to Vote for Political Party :

506

Enter Your Voter ID...

xyz6787676

You can Vote any One of the Following Parties

101.BJP
203.TDP
405.CONGRESS
506.TRS

707.CPM

Choose the code to Vote for Political Party :

203

Enter Your Voter ID...

-1

Encryption Phase starts...

Enter Your public Key-1 for EVM Storage...
5714661975085241887

EVM Encrypted VOTE Storage Process...

Encrypted Vote Stored in EVM Memory :2264835553274547695163764873984790630122O
351388197420277362407737186955289911770417403421314061664783906285913965117
704174034213140611770417403421314061598 1518697112677 81226483 555327
45476954886342 036164143001633369136606 394096249234 9403806092 240243
96975434967366181 0679633453481741671869564631 157 65602734139842704041602
6341398427040416026117704174034213140616647839062859139651 177041
7403421314061177041 74034213140623515872670189 6639422648355532745 4769527
006781791 77901077585939 19899626534562 407737186955289911770417403421
31406166478390628591 39651177041 7403421314061177041740 34213140 615981518
6971126778122648355532745476951637648739 84790630110679633 453481741
67341398427040416026117704174034213140616647839 0628591396511770
41740342131406117704174034213140623515872 67018966394

EVM BACKUP Storage

Enter Your public Key-2 for EVM Backup Storage... (For If EVM Storage Fails)

11429323950170483743

Encrypted Vote Stored in EVM Backup Storage :226483555327454769516376487398479
063012203513881974202773624077371869552899117704174034213140616647839062859
13965 17704174034213140611770417403421314061598151869711267781226 483555
32745476954886 342036164143001633369136606394096 4923494038060922402 3969
75434967366 18106796334534817416718695646311576560 273413984 70404 1602634139
8427040416026117704174034213 140616647839062859139 65117704174034213140
611770417403421314062351587267018966394 226483555327454 6952700678179177
01077585939198996265345 6240773718695528991177041740342131406166478
390628591396 511770 41740342131 406117704 174034213 140615981518697112
677812264835 553274547695163 6487398479063 011067 33453481741673413984 2704041
602611770417403421314061664783906 859139651177041 740342131406117704
17403421314062351587267018966394
Vote Backup Successfully

Decryption Phase starts...

Enter Your private Key... 1382579510101268191

Total Votes Polled in EVM :

TDP : 3

CONGRESS : 1

BJP : 3

TRS : 1

2.10 ANÁLISE DE DESEMPENHO ENTRE OS SISTEMAS DE CRIPTOGRAFIA M-PRIME RSA, RSA E MPPK

2.10.1. DESEMPENHO DO TEMPO DE GERAÇÃO DE CHAVES

No criptossistema MPPK, a fase de geração de chaves é fundamental para escolher os valores p,q a partir dos quais serão geradas as chaves públicas e1,e2,e3,e4 e uma única chave privada. O algoritmo MPKK é comparado com variantes do RSA com números primos grandes, superiores a 512 bits, e o tempo gasto em milissegundos é apresentado no quadro seguinte.

Tempo de geração de chaves				
Bits(n)	**M-Prime**	**Chave pública multipares (MPPK)**	**Rebal-RSA**	**RSA**
256	47	31	47	47
512	78	47	140	78
768	94	78	577	172
1024	203	109	1077	374

2.10.2. DESEMPENHO DO TEMPO DE ENCRIPTAÇÃO

Na fase de encriptação, o nosso algoritmo tem um desempenho melhor do que o Rebal-RSA, mas inferior ao de outras variantes, uma vez que o tempo de encriptação MPPK é necessário para vários pares de chaves públicas, em comparação com outros métodos que utilizam uma única chave pública. Para tornar a MPPK segura, gera-se um texto cifrado grande que é difícil de quebrar.

Fase de encriptação				
Bits(n)	**Mprime**	**Chaves públicas multipares**	**Rebal-RSA**	**RSA**
256	25	30	46	30
512	117	224	250	115
768	126	765	749	131
1024	332	1716	1716	231

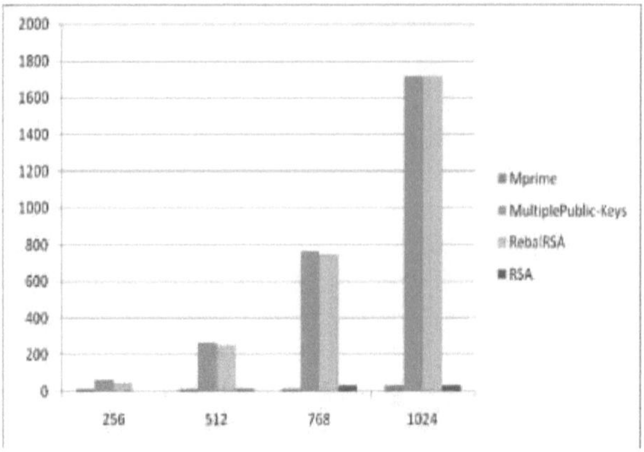

2.10.3. DESEMPENHO DA FASE DE DESENCRIPTAÇÃO

Na fase de descodificação, o algoritmo MPPK obteve um melhor desempenho quando comparado com o RSA para valores de N até 1024 bits.

Tempo do processo de desencriptação				
Bits(n)	**Mprime**	**MPPK**	**Rebal-RSA**	**RSA**
256	45	32	40	47
512	16	234	245	265
768	38	749	757	764
1024	80	1711	1821	1716

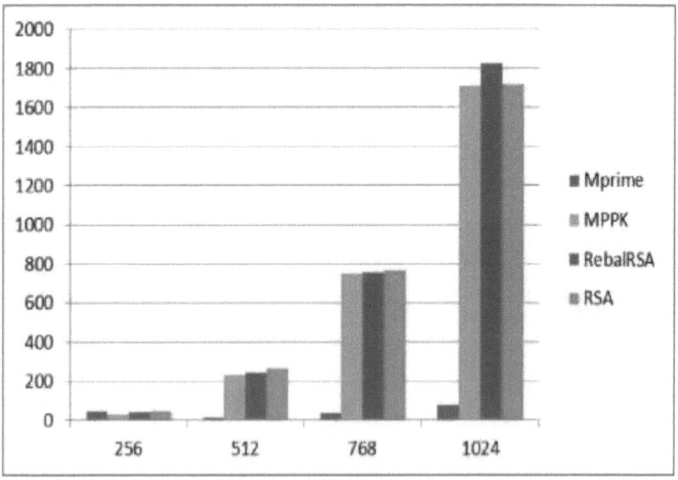

Fase de desencriptação

2.11 ALGORITMO MPPK UTILIZADO PARA AUTENTICAÇÃO

O algoritmo MPPK pode ser utilizado para o mesmo fim acima referido, uma vez que os dados do eleitor, como adhar-Id/Voter-Id, nome, endereço, são encriptados e armazenados com uma das chaves obtidas através do algoritmo MPPK e com a chave privada dada ao eleitor, sendo a sua chave utilizada para verificar os seus dados antes de votar na EVM na cabina de voto.

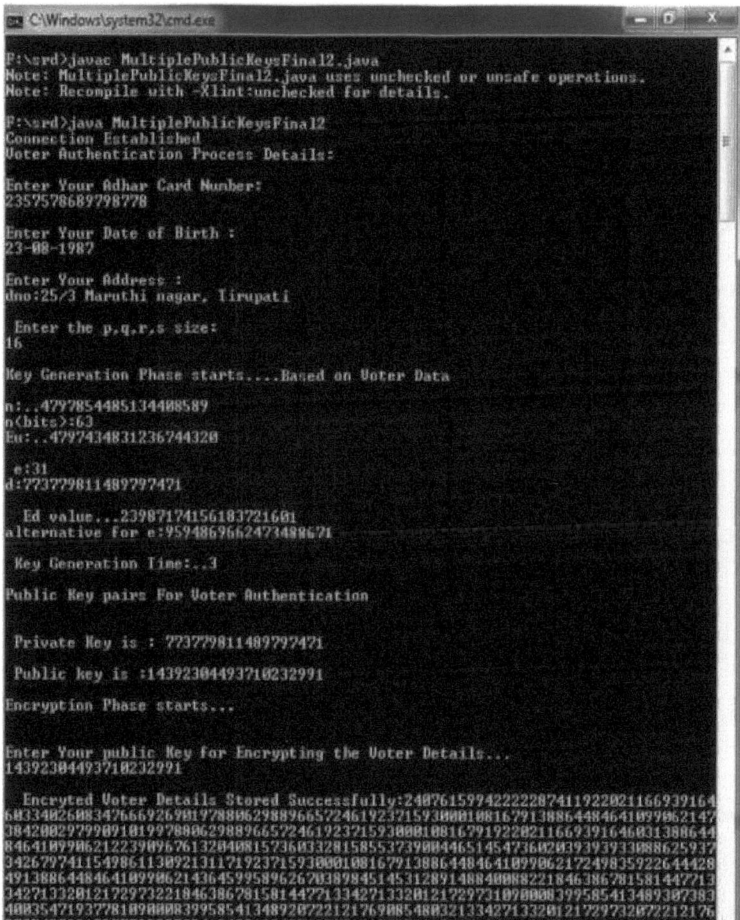

Fig 2.3 : Mostrando a encriptação dos dados do eleitor

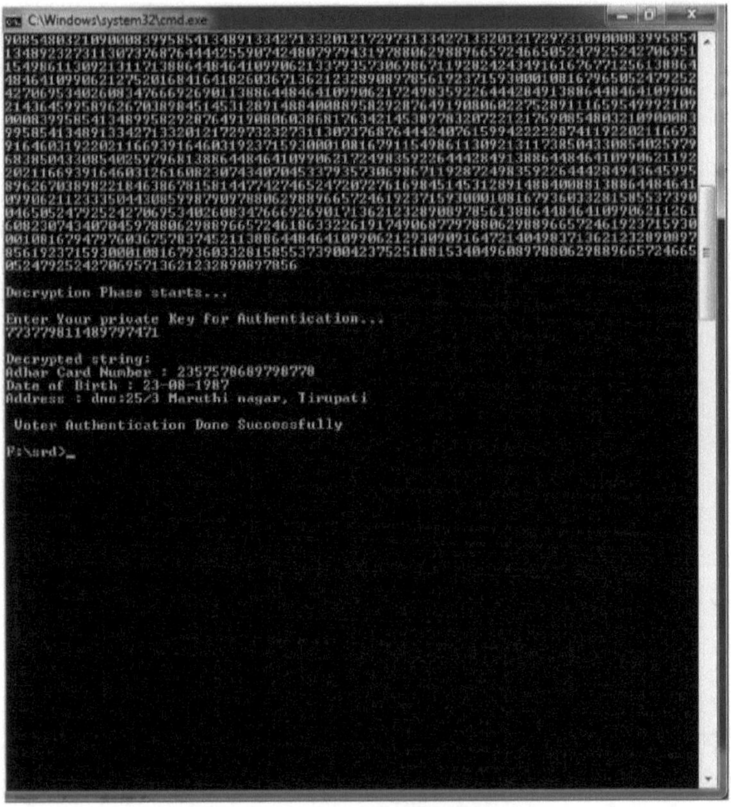

Fig. 2.4: Autenticação da verificação do eleitor

2.12 Aplicações do sistema de criptografia de chave pública MPPK

O sistema de criptografia de chave pública multipares é utilizado para os seguintes fins

> Encriptação/desencriptação - para o intercâmbio de dados através de canais de comunicação inseguros.

> Assinatura digital - para assinar digitalmente um documento/voto para verificação, se necessário MPPK A criptografia de chave pública encontra a sua aplicação mais forte quando as partes que não têm uma relação prévia (e, por conseguinte, não têm oportunidade de estabelecer chaves secretas partilhadas) querem trocar dados sensíveis entre si.

As aplicações de votação em linha ou de gravação de votos na máquina EVM recorrem exatamente à criptografia de chave pública, que pode utilizar o sistema de criptografia MPPK para proteger os dados.

As tecnologias mais recentes, como a computação móvel, podem utilizar o sistema de criptografia MPPK para enviar dados de forma segura em aplicações como a votação M-Voting.

2.13 CONCLUSÃO

Neste capítulo, é apresentado o projeto e a implementação do sistema de criptografia de chave pública multipares (MPPK), bem como a sua implementação. Neste capítulo, são estudados o RSA e as variações do RSA. São feitas comparações com as variações do RSA e do MPPK nas fases de geração de chaves, encriptação e desencriptação. No final, é apresentada a aplicação do sistema de criptografia MPPK e a análise de segurança do sistema de criptografia proposto em relação a outros sistemas.

Capítulo 3

Conceção de um modelo EVM seguro e inovador

Este capítulo aborda as várias máquinas de voto e as suas limitações para serem utilizadas no cenário atual. Nas secções 3.1 e 3.2, apresentamos a funcionalidade da EVM e as suas limitações. Nas secções 3.3 e 3.4, descrevemos um novo modelo de EVM proposto e as suas caraterísticas, que proporciona um modelo de votação seguro ao ultrapassar as vulnerabilidades do modelo atual. Na secção 3.6 e na secção 3.7, discutimos e analisamos o modelo S-EVM proposto com o EVM existente em várias dimensões.

3.1. INTRODUÇÃO

Os dispositivos de cálculo para fins especiais, como os sistemas informáticos, são concebidos para serem fiáveis para uma determinada classe de aplicações especializadas, como os ATM, os EVM, as estações de jogo ou os quiosques. Por outro lado, a especificação da conceção destes dispositivos especializados deve permitir oferecer vários serviços ao utilizador final de uma forma mais segura e fiável, o que não é facilmente exequível com um computador de uso geral. Isto contrasta fortemente com os objectivos de um computador de uso geral, concebido para fornecer um vasto espetro de serviços sem abordar questões de segurança especializadas.

As eleições permitem aos cidadãos escolher os seus representantes e exprimir as suas preferências quanto à forma como serão governados. Naturalmente, a integridade do processo eleitoral é fundamental para a integridade da própria democracia. O sistema eleitoral deve ser suficientemente robusto para resistir a uma série de comportamentos fraudulentos e deve ser suficientemente transparente e compreensível para que os eleitores e os candidatos possam aceitar os resultados de uma eleição. Sem surpresa, a história está repleta de exemplos de eleições manipuladas com o objetivo de influenciar o seu resultado. A conceção de um "bom" sistema de votação, seja ele eletrónico ou utilizando os tradicionais boletins de papel ou dispositivos mecânicos, deve satisfazer uma série de critérios, por vezes concorrentes. *O anonimato* do boletim de voto de um eleitor deve ser preservado, tanto para garantir a segurança do eleitor quando vota contra um candidato malévolo como para garantir que os eleitores não têm provas de quais os candidatos que receberam os seus votos. A existência de tais provas permitiria a compra de votos por um candidato.

O sistema de votação deve também ser *resistente à adulteração* para impedir uma vasta gama de ataques, incluindo o enchimento de votos pelos eleitores e a contagem incorrecta por pessoas internas. Um sistema de votação deve ser compreensível e utilizável por *toda a* população votante, independentemente da idade, doença ou deficiência. Proporcionar acessibilidade a uma população tão diversificada é um importante problema de engenharia e, se outras medidas de segurança forem bem executadas, a votação eletrónica poderá constituir uma grande melhoria em relação aos actuais sistemas em papel. No entanto, as falhas em qualquer um destes aspectos de um sistema de votação podem conduzir a resultados eleitorais indecisos ou incorrectos. Uma eleição eletrónica deve ser mais segura, transparente e fiável, uma vez que as pessoas comuns têm menos confiança nos computadores devido a ameaças de pirataria informática e falhas do sistema. Kohnoel al discutiu alguns dos problemas do sistema de votação eletrónica, tais como a utilização incorrecta da criptografia, o aumento não autorizado de privilégios, as vulnerabilidades às ameaças da rede e os processos de desenvolvimento de software deficientes [20].

É necessário garantir a segurança dos votos expressos na EVM, uma vez que os resultados são a base de decisões importantes. Devido à conceção do boletim de voto ou a um erro involuntário do eleitor, os votos podem ser falseados. Este sistema pode igualmente produzir resultados pouco fiáveis. Graças a este sistema, os dirigentes corruptos têm a possibilidade de cometer erros, o que pode mesmo alterar as decisões do governo. Mas a conceção da EVM apresenta algumas lacunas que põem em causa a segurança dos votos. O hardware fornecido com a PROM para armazenamento dos votos é compacto, com poucas instruções que são executadas diretamente no hardware. Devido a este processo de conceção simples, a segurança é difícil de manter e pode resultar em práticas incorrectas de votação [13].

Para evitar o problema acima mencionado, a nossa tese desafia a segurança dos votos expressos pelo público. A nossa tese centra-se em dois pontos [1]. Um deles é a segurança e o outro é o armazenamento de cópias de segurança para verificação posterior, caso surja algum problema. Esta facilidade é proporcionada através da utilização de criptografia, em que são utilizadas duas chaves públicas para a encriptação e uma chave privada para a desencriptação. A memória de segurança actua como um servidor remoto que preserva os votos. Este armazenamento é utilizado para efeitos de nova verificação e confirmação. Assim, a nossa tese fornece uma solução para os problemas de segurança dos votos na EVM.

3.2. MODELO EVM EXISTENTE

A Comissão Eleitoral da Índia desenvolveu os EVM em parceria com duas empresas públicas. As primeiras EVM indianas foram desenvolvidas no início da década de 1980 pela ECIL. Não foram amplamente utilizadas em todo o país devido aos inconvenientes da máquina. A ECIL propôs o modelo seguinte, que incluía unidades de controlo e de voto separadas e a disposição de ambos os componentes [3].

A primeira geração de EVMs baseava-se em microcontroladores Hitachi 6305 e utilizava firmware armazenado em PROMs externas apagáveis por UV juntamente com EEPROMs de 64kb para armazenar os votos. Os modelos de segunda geração foram introduzidos em 2000 pela ECIL e pela BEL. Estas máquinas transferiram o firmware para a CPU e actualizaram outros componentes. Foram gradualmente instaladas em maior número e utilizadas em todo o país no início de 2004 Em 2006, os fabricantes adoptaram um modelo de terceira geração que incorporava alterações adicionais sugeridas pela Comissão Eleitoral [3,7].

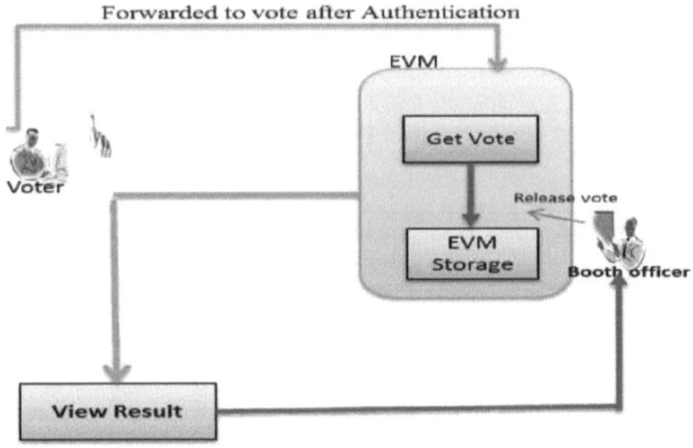

Fig: 3.1 Máquina de voto eletrónica

O sistema EVM da Índia tem dois componentes principais, ilustrados na Fig. 3.1. Existe uma unidade de controlo, utilizada pelos membros das mesas de voto, que armazena e acumula os votos, e uma unidade de voto, situada na cabina de voto, que é utilizada pelos eleitores. Estas unidades estão ligadas por um cabo de 5 m que tem uma extremidade permanentemente fixada à unidade de voto. O sistema é alimentado por uma bateria no interior da unidade de controlo. As EVM foram concebidas para eleições com uma ou duas secções, como é típico na Índia. A EVM antiga (ou) existente é uma máquina real amplamente utilizada em todo o país para efeitos de votação.

3.2.1 COMPONENTES DO EVM

A EVM tem uma unidade de armazenamento denominada memória ou unidade de controlo e uma unidade de voto. Os votos expressos são guardados na memória e, durante a contagem, os trabalhadores retiram o selo da memória, verificam os votos e declaram os resultados. A unidade de voto é utilizada pelos votantes na cabina. Primeiro, a unidade de voto é preparada com o número de candidatos e os seus símbolos [3]. A unidade de controlo partilha o número de votos expressos para permitir a verificação dos votos a qualquer momento.

3.2.2 FUNÇÕES DO EVM

Durante o período eleitoral, a máquina já é verificada uma vez e depois é utilizada para o efeito. A pessoa que pretende votar limita-se a procurar o nome específico na lista. Em seguida, o indivíduo carrega no botão de voto do candidato selecionado para votar. O voto é registado e armazenado na memória ou na unidade de controlo.

No final do dia, a unidade de controlo é verificada e selada por razões de segurança. No dia da contagem, as unidades de controlo são verificadas e os votos são contados. Por fim, o resultado é declarado com base no número total de votos pretendidos, que é armazenado na EVM.

3.3 DESAFIOS DA SEGURANÇA NA EVM

- As condições ambientais podem afetar os votos armazenados na memória durante um longo período de tempo, como a chuva, a poluição, os vermes e os insectos, que podem danificar os votos [6, 9].
- Danos causados pela fraude eleitoral em que as lealdades partidárias podem atacar a cabina e conquistar as urnas de voto.
- Um problema nos componentes internos do cabo pode dar origem a uma votação errada, o que afectará a

política eleitoral.

> O código-fonte da EVM não é revelado e o estilo de trabalho interno não é exposto. Por conseguinte, o processo de trabalho da EVM não é definido com exatidão.

> A segurança é garantida por vários primitivos criptográficos, tal como especificado nos dados, que também podem ser aplicados aos votos na EVM durante o armazenamento e em trânsito.

3.4 . MODELO EVM SEGURO PROPOSTO (S-EVM)

A máquina de votação eletrónica deve fornecer um bom mecanismo de armazenamento de votos que deve ter, pelo menos, as seguintes sete propriedades [11, 17]:

1. **Simples:** Conceber um mecanismo de armazenamento de votos que seja simples de implementar, analisar e verificar.
2. **Fiável:** O mecanismo de armazenamento de votos não deve depender de peças móveis frágeis ou de outros componentes que possam falhar durante a utilização.
3. **Duradouro:** O registo dos votos deve sobreviver a falhas inesperadas do mecanismo de armazenamento da votação.
4. **Inviolável:** Qualquer pessoa com acesso de leitura ao registo de voto deve ser capaz de detetar adulterações pós-eleitorais.
5. **Independente do historial:** Assumindo um mecanismo de armazenamento de votos não malicioso, o conteúdo do registo de votos não deve revelar informações sobre a ordem em que os votos foram lançados.
6. **Livre de subliminares:** Um mecanismo malicioso de armazenamento de votos deve ser capaz de não detetar a incorporação de informações secretas no registo de voto.
7. **Custo efetivo:** Os funcionários eleitorais só podem utilizar estas soluções se o custo por eleitor não for significativamente mais caro do que as tecnologias alternativas.

A durabilidade é importante porque, mesmo que o mecanismo de armazenamento dos votos seja fiável, eventos catastróficos como a perda de energia e a falha da bateria podem provocar a avaria da máquina. A independência do historial é importante porque, de outra forma, seria possível comprometer a privacidade dos eleitores se também se soubesse a ordem pela qual as pessoas votaram [23].

Tendo em conta os vários inconvenientes e as considerações acima referidas no modelo EVM existente, propomos um novo modelo com armazenamento seguro dos votos no EVM, bem como armazenamento seguro de cópias de segurança, o que permite resolver os problemas de segurança do modelo EVM existente. Além disso, o novo modelo proposto permite evitar os votos falsos, ou seja, que um eleitor falso possa votar sem a presença do eleitor original, enviando uma chave para o telemóvel do eleitor original, no qual este introduzirá a chave no momento de votar na EVM, que pode ser utilizada para encriptar o voto antes de o guardar na cópia de segurança.

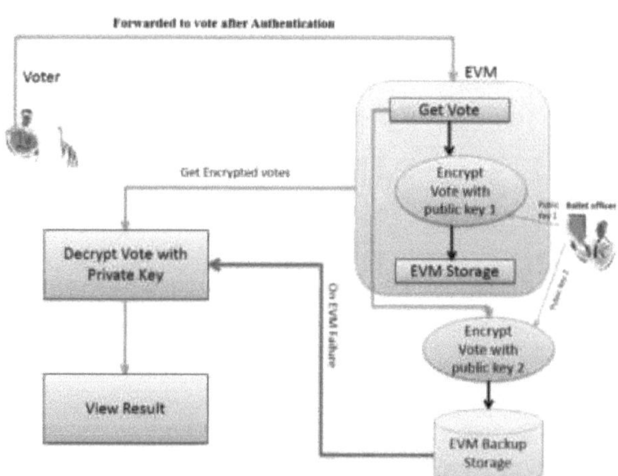

Fig: 3.2 Modelo de segurança da EVM

No modelo proposto, a segurança é assegurada em duas fases para a votação na EVM, primeiro na fase de armazenamento na memória da EVM e, na segunda fase, na cópia de segurança da votação no servidor remoto, utilizando a técnica criptográfica eficiente do algoritmo MPKK, que analisámos no capítulo anterior. A segurança é aplicada ao armazenamento na memória da EVM, utilizada para a acumulação de votos para a contagem, enquanto a outra fase, designada por armazenamento de cópia de segurança, é utilizada para armazenar os votos para efeitos de pós-verificação, caso surja algum problema.

3.5 COMPONENTES DO MODELO EVM SEGURO

Com base nas questões de segurança do modelo EVM existente, é construída a arquitetura do modelo proposto. O sistema de votação deve impedir a adulteração do ato eleitoral, dos resultados da votação e da funcionalidade do sistema. Para ultrapassar os inconvenientes relacionados com as questões de privacidade, o novo modelo é criado com componentes adicionais. Juntamente com os componentes do modelo existente, são introduzidas caraterísticas adicionais para salvaguardar os votos expressos.

Os componentes básicos do modelo proposto

a) **Unidade de controlo:** A unidade de controlo contém a placa de circuito principal com a CPU de um microcontrolador com um oscilador. A CPU é constituída por ROM, que garante a segurança do software que está a ser alterado. A CPU é fabricada por medida com o software de eleição permanentemente gravado numa máscara ROM interna. Isto impede que o software seja reprogramado eletronicamente. Também na placa de circuito principal existe uma ligação à rede e ao chip de armazenamento para guardar os votos.

b) **Interruptores**: Os botões estão ligados a interruptores utilizados para emitir os votos e para armazenar os votos.

c) **Armazenamento EVM:** A unidade que é utilizada para armazenar os votos expressos pelo indivíduo. A memória ou unidade de armazenamento contém os votos que podem ser utilizados para efeitos de contagem em armazenamento encriptado utilizando a chave pública-1, que se baseia no algoritmo de segurança proposto, o sistema de criptografia MPPK.

d) **Armazenamento de segurança:** O armazenamento alternativo é utilizado para fazer uma cópia de segurança dos votos, que é utilizada para armazenar os votos num dispositivo de armazenamento de cópia de segurança no servidor remoto, em formato cifrado, utilizando a chave pública-2 derivada do algoritmo de segurança proposto MPPK. O voto cifrado no servidor remoto pode ser utilizado pelo responsável pelas eleições em caso de danos na EVM ou na memória em caso de acidente ou de pirataria informática da EVM.

e) **Módulo de segurança:** Ao criar um sistema seguro, a conceção correta é apenas uma parte da batalha. A conceção deve ser implementada de forma segura. As práticas de codificação e os estilos de implementação eficientes devem ser utilizados para criar o sistema de votação. A conceção deste módulo fornece primitivas criptográficas que garantem a segurança dos votos da EVM no momento em que são armazenados na EVM ou no dispositivo de cópia de segurança de armazenamento secundário. Este módulo está dividido em duas partes que encriptam os votos no momento da sua armazenagem na EVM e na memória de segurança. O mecanismo de desencriptação permite ver a contagem dos votos depois de o funcionário da cabina de voto ou o administrador dar a chave. O algoritmo MPPK [19] [20] permite armazenar os votos sob forma cifrada na memória principal e na memória remota com duas chaves públicas, respetivamente.

3.6. FUNCIONAMENTO DO MODELO EVM SEGURO

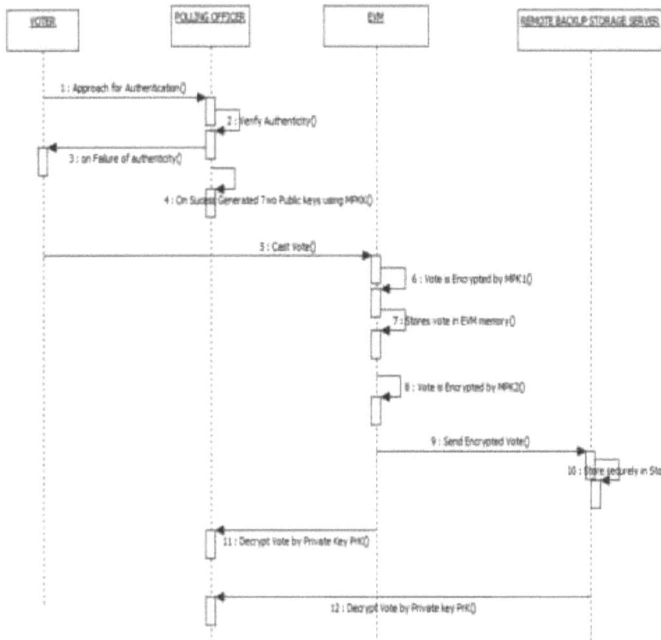

Fig:3.3 Funcionamento do modelo EVM seguro

O modelo proposto de EVM segura garante, em primeiro lugar, que o eleitor é corretamente autenticado pelo agente eleitoral na cabina de voto e, em seguida, é encaminhado para a EVM para dar o seu voto. Autenticação mecanismo pode ser um mecanismo de limiar ou a forma existente de utilizar cartões de eleitor ou UID. Depois, o eleitor pode votar na EVM, onde os votos são armazenados de forma segura utilizando o algoritmo criptográfico MPPK. O mecanismo passo a passo é apresentado a seguir.

- O eleitor V obtém a sua identificação de eleitor V_{ID}/U_{ID} junto do serviço eleitoral, que é utilizada para autenticação na secção de voto
- O agente de voto (AP) verifica o V_{ID}/U_{ID}
- PA cria duas chaves públicas utilizando o algoritmo MPKK juntamente com o Token para votação
- Se a verificação for bem sucedida, o eleitor (V) vota na EVM utilizando o Token libertado
- O voto Vt é encriptado utilizando a chave PK1 e armazenado na memória da EVM
- O voto Vt também é encriptado utilizando a chave PK2 e enviado para o servidor remoto utilizando um canal seguro.
- O servidor remoto [R_s] aceita o voto Vt e armazena o voto encriptado.
- No momento do resultado, o voto Vt é desencriptado e recuperado da EVM utilizando a chave privada do Prk do agente de voto, quer a partir da memória da EVM, quer a partir do servidor remoto, em caso de falha da EVM.

O modelo S-EVM proporcionará integridade e segurança ao voto no armazenamento, o que não existe no modelo EVM atual.

3.7. ANÁLISE DE SEGURANÇA DO MODELO DE EVM SEGURO PROPOSTO

Análises anteriores sobre a segurança da votação eletrónica recomendaram que se evitasse a complexidade e se minimizasse a dimensão da base informática de confiança. Para satisfazer os requisitos de segurança, a EVM proposta pode parecer superficialmente superior à maioria dos outros DRE ou EVM existentes. O EVM utiliza uma conceção simples de sistema incorporado, como já sabemos, e o software é compacto, consistindo em alguns milhares de instruções que são executadas diretamente no hardware.

Seguem-se alguns dos problemas que surgem no hardware da EVM, como a adulteração do software antes do fabrico da CPU, a substituição de CPUs semelhantes, a substituição de placas de circuito semelhantes, a substituição de unidades semelhantes e a adulteração do estado da máquina, que devem ser abordados ou fabricados sob a supervisão de peritos em segurança.

No nosso modelo, consideramos que o nosso sistema está isento das ameaças à segurança do hardware acima referidas e que os votos recolhidos na EVM são armazenados na memória, que faz parte da máquina, o que exige que sejam tomadas precauções adequadas para a sua preservação antes da visualização dos resultados do referendo. A cada EVM é atribuída uma identificação única para identificar a máquina e a secção de voto a que pertence. Para visualizar os resultados, o funcionário responsável pelas sondagens emitirá o boletim de voto se a EVM estiver segura no seu lugar, sem danos físicos, caso contrário perder-se-ão todos os votos [8].

Assim, no modelo S-EVM proposto, a EVM está ligada a um servidor remoto através de uma ligação de rede por meio de um mecanismo de comunicação, para o armazenamento dos votos no servidor remoto, uma vez que a cópia de segurança é semelhante ao espelhamento da memória da EVM. Para ultrapassar este problema, o modelo proposto armazena os votos não só na memória da máquina, mas também no servidor remoto, de forma encriptada, utilizando o algoritmo criptográfico MPPK [12] com pares de duas chaves. Neste modelo, o par de chaves públicas é utilizado para a encriptação e a chave privada é utilizada para a desencriptação.

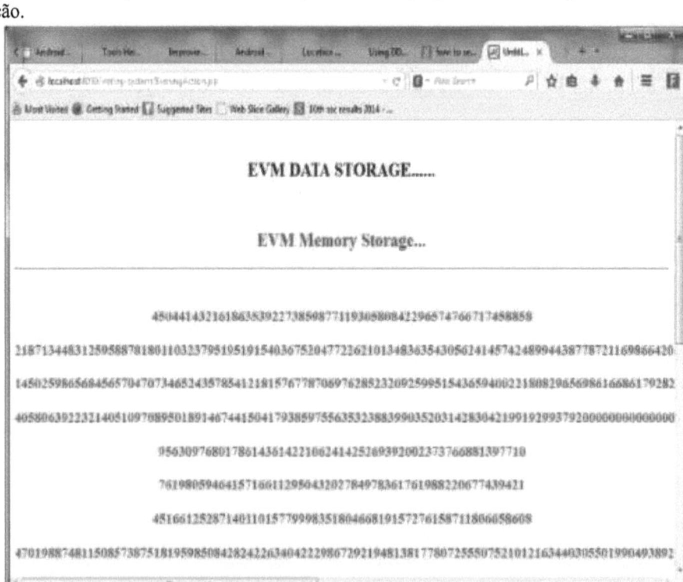

Fig: 3.4 Votos encriptados na memória da EVM

O voto emitido na EVM é encriptado com um dos pares de chaves públicas PK1 e armazenado na memória da EVM, como mostra a Fig-3.4, e o mesmo voto é encriptado com a chave pública PK2 e armazenado na memória de segurança da EVM no servidor remoto, como mostra a Fig-3.5. No momento dos resultados, os votos da EVM são desencriptados com a chave privada da EVM dada pelo funcionário da assembleia de voto se a máquina de voto estiver em condições normais ou, em caso de falha da EVM, os votos são recuperados do servidor remoto utilizando a chave privada do funcionário da cabina de voto.

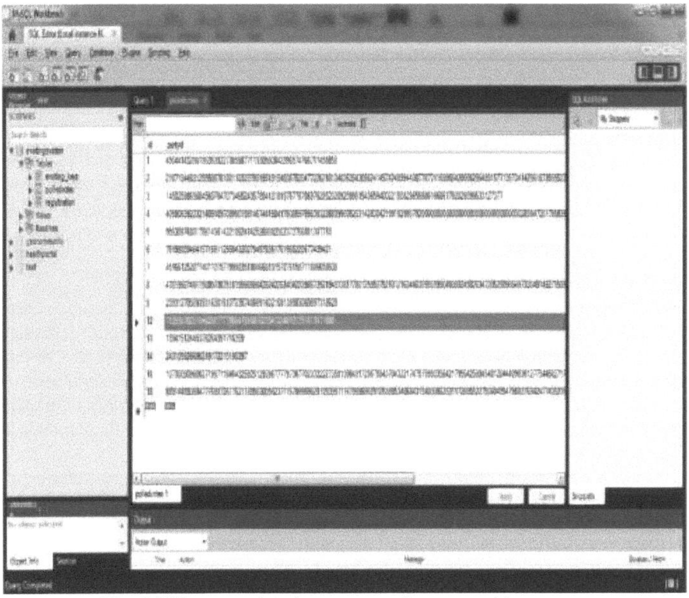

Fig: 3.5 Votos encriptados armazenados no servidor remoto

3.8 ANÁLISE DO MODELO EVM SEGURO

- O modelo proposto é mais bem concebido para resistir a quaisquer ataques de segurança aos dados armazenados.
- Uma vez que a EVM é um dispositivo eletrónico, os votos armazenados eletronicamente podem perder-se devido a vários problemas relacionados com os dispositivos electrónicos e não é possível recuperá-los, pelo que o modelo EVM proposto, que fornece uma cópia de segurança dos votos, pode ser recuperado.
- No modelo S-EVM proposto, uma vez que os votos são encriptados na memória da EVM, não podem ser alterados, o que garante a integridade dos votos recolhidos.
- O S-EVM proposto armazena os dados no servidor remoto em formato encriptado para que não sejam visíveis e não possam ser alterados por utilizadores não autorizados/comuns.
- No trânsito dos votos para o servidor remoto, os votos EVM propostos são encriptados e transferidos, pelo que os ataques intermédios podem ser evitados.
- Uma vez que no novo modelo de EVM os votos só são acedidos pelo responsável das mesas com a sua chave privada, o sistema é autenticado de forma adequada.

3.9 . CONCLUSÃO

Neste capítulo, discutimos a funcionalidade da EVM existente e as suas limitações e, com base nas suas observações, propusemos um novo modelo de máquina de voto eletrónica segura, o modelo S-EVM, que reforça a segurança do voto no armazenamento, bem como por hackers ou em caso de danos na EVM. No modelo S-EVM proposto, é acrescentado um novo modelo de segurança para aumentar a segurança, utilizando o algoritmo criptográfico MPPK. O capítulo é concluído com a apresentação dos resultados e da análise do modelo S-EVM proposto.

Capítulo 4

Desenvolvimento de um modelo EVM seguro

Este capítulo aborda as várias tecnologias utilizadas no desenvolvimento e implementação da aplicação Web para simular o modelo S-EVM proposto. Na secção 4.1, abordamos a evolução das tecnologias da informação na área do processo de votação. A secção 4.2 apresenta a conceção do modelo proposto de EVM segura. Na secção 4.3, discutimos os vários serviços fornecidos pela S-EVM. Na secção 4.4, apresentamos os aspectos técnicos utilizados no desenvolvimento do modelo S-EVM e a forma como o algoritmo MPPK é utilizado para garantir a segurança do S-EVM. Na secção 4.5, apresentamos a implementação do modelo S-EVM proposto e os vários requisitos de software e hardware. Os destaques relativos ao modelo S-EVM são discutidos nas últimas secções deste capítulo.

4.1 INTRODUÇÃO

As eleições permitem às pessoas escolher os seus representantes e exprimir as suas preferências quanto à forma como serão governadas. Naturalmente, a integridade do processo eleitoral é fundamental para a integridade da própria democracia. O sistema eleitoral deve ser suficientemente forte para resistir a uma série de comportamentos fraudulentos e deve ser suficientemente transparente e compreensível para que os eleitores e os candidatos possam aceitar os resultados de uma eleição. A história mostra que a votação manual com cédulas de papel é manipulada para influenciar o seu resultado, o que constitui uma preocupação em termos de exatidão, segurança e eficácia das eleições.

Para conseguir uma maior eficiência e eficácia do processo eleitoral, as anteriores adopções de tecnologia não deram resultados frutuosos, uma vez que a tecnologia não tinha sido completa e rigorosamente desenvolvida e testada. Na era atual, as tecnologias da informação desempenham um papel vital e abrem caminho a uma gama mais vasta de soluções, pelo que a utilização das tecnologias da informação no processo de votação eleitoral permite obter resultados mais eficazes do que o processo manual ou os sistemas DRE através da utilização de EVM [7]. As máquinas de voto eletrónico não utilizam técnicas criptográficas para autenticar qualquer das extremidades da ligação nem verificam a integridade dos dados em trânsito. Assim, estes terminais de voto podem potencialmente comunicar através de linhas telefónicas inseguras ou mesmo de ligações Internet sem fios e os atacantes não sofisticados podem efetuar ataques "man-in-the-middle" indetectáveis. Por isso, devemos pensar em soluções para estes problemas, que é o objetivo básico desta tese para conceber e desenvolver o algoritmo MPPK.

4.2 . MODELO DE VOTAÇÃO ELECTRÓNICA SEGURA

O modelo S-EVM é simulado como um dispositivo modular de software que é mapeado como serviços na aplicação simulada apresentada na figura 4.1, de acordo com os utilizadores e com uma funcionalidade clara. A aplicação simulada contém os seguintes módulos

a) Fase de autenticação do eleitor
b) Votação/Votos
c) Fase de encriptação dos votos
d) Fase de descodificação dos votos
e) Fase de armazenamento de votos à distância

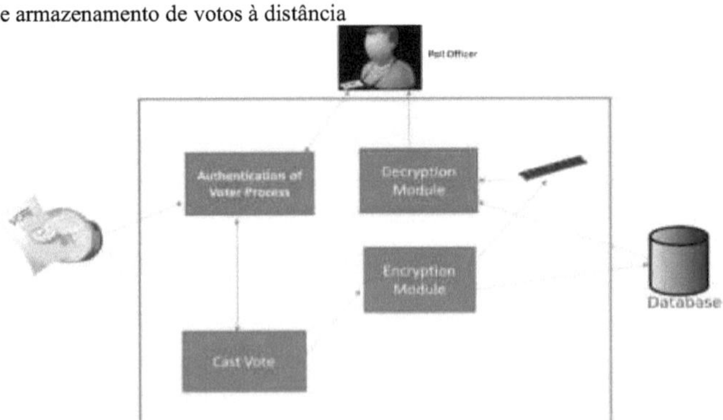

Fig: 4.1 Modelo S-EVM simulado

a) **Módulo de autenticação:** É utilizado pelo funcionário das assembleias de voto para autenticar o eleitor antes de votar, aceitando o PIN enviado para o telemóvel e verificado em relação ao seu Voter- Id / Aadhar-ID. O PIN é semelhante à chave privada enviada ao eleitor para o seu telemóvel antes das duas horas de votação e o eleitor mostrará o PIN que é verificado pelo funcionário da assembleia de voto para uma autenticação adequada do eleitor. No processo de votação, a autenticação é muito importante para garantir que o eleitor genuíno possa votar.

b) **Votação**: Após a verificação, o eleitor é transferido para um ecrã que simula uma EVM e que mostra opções para votar num único partido.

c) **Módulo de encriptação**: Para evitar ataques ou manipulação dos votos na memória da máquina EVM e para manter a integridade, cada voto emitido deve ser protegido. Assim, nesta tese, concebemos e desenvolvemos o algoritmo MPPK que encripta os votos e os armazena na memória da máquina EVM com a chave-1 . Aqui, na aplicação simulada, os votos encriptados são armazenados na memória do sistema em que a aplicação está a ser executada. Mesmo para salvar o voto em caso de falha acidental da EVM, o voto é encriptado com a chave-2 e armazenado num servidor de cópia de segurança remoto ligado à base de dados, que pode ser recuperado no futuro.

d) **Módulo de desencriptação**: Para recuperar os votos armazenados na memória da EVM ou do servidor remoto, utilizamos a chave privada do responsável pelas sondagens para ver os votos votados e obter os resultados.

e) **Base de dados remota de cópia de segurança dos votos**: Fornece o serviço de armazenamento dos votos encriptados recolhidos na EVM. Uma vez que os dados são armazenados em formato cifrado, não podem ser visualizados nem modificados.

4.3 SERVIÇOS DO MODELO DE VOTAÇÃO ELECTRÓNICA SEGURA

Os seguintes serviços são fornecidos pelo modelo S-EVM ao eleitor ou ao presidente da assembleia de voto para facilitar o processo de votação, como se mostra na Fig. 4.2. O modelo S-EVM fornece um serviço de autenticação que permite ao presidente da assembleia de voto verificar o eleitor antes de emitir o voto. Depois de verificar o eleitor, o presidente da assembleia de voto liberta o voto e duas chaves utilizadas para a cifragem do voto. O eleitor utiliza o token para votar no S-EVM, selecionando a opção no ecrã. Depois de votar, o módulo do serviço de encriptação utiliza duas chaves para encriptar o voto. A chave pública -1 é utilizada para encriptar o voto para armazenamento na memória do EVM e a chave pública-2 é utilizada para encriptar o voto para armazenamento no servidor de cópia de segurança remoto. No final, para visualizar os resultados, o responsável pelas sondagens utiliza o serviço de desencriptação para desencriptar o voto utilizando a chave privada do responsável pelas sondagens. Os serviços de encriptação e desencriptação utilizam o algoritmo MPPK para garantir a segurança dos votos no modelo S-EVM proposto.

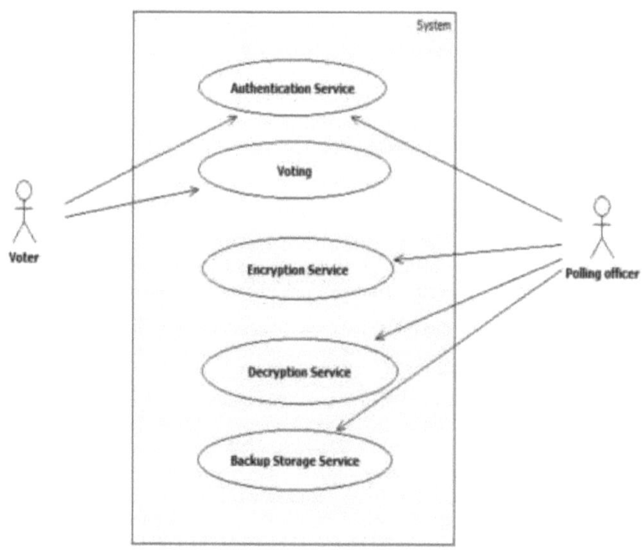

Fig: 4.2 Diagrama de casos de utilização para serviços S-EVM

4.4 ASPECTOS TÉCNICOS DA APLICAÇÃO S-EVM SIMULADA

A aplicação S-EVM é desenvolvida utilizando tecnologias Java, como Java Server Pages (JSP) e conetividade à base de dados Java, juntamente com classes utilitárias Java. A aplicação S-EVM simulada é visualizada no browser e o suporte remoto para a cópia de segurança dos votos é fornecido pelo servidor My SQL Community.

A aplicação S-EVM simulada para a interação com o utilizador foi concebida em HTML com folhas de estilo em cascata. As folhas de estilo em cascata (CSS) são uma linguagem de folha de estilo utilizada para descrever a semântica de apresentação (o aspeto e a formatação) de um documento escrito numa linguagem de marcação. A aplicação mais comum é a estilização de páginas Web escritas em HTML e XHTML, mas a linguagem também pode ser aplicada a qualquer tipo de documento XML, incluindo XML simples, SVG e XUL. As CSS foram concebidas principalmente para permitir a separação do conteúdo do documento (escrito em HTML ou numa linguagem de marcação semelhante) da apresentação do documento, incluindo elementos como a disposição, as cores e os tipos de letra. O HTML5 é uma cooperação entre o World Wide Web Consortium (W3C) e o Web Hypertext Application Technology Working Group (WHATWG), que estava a trabalhar com formulários e aplicações Web e o W3C estava a trabalhar com o XHTML 2.0. No HTML 5.0 foram acrescentadas muitas das novas caraterísticas a seguir enumeradas[31]

- As novas funcionalidades devem basear-se em HTML, CSS, DOM e JavaScript
- Reduzir a necessidade de um plug-in externo (como o Flash)
- Melhor tratamento de erros
- Mais marcação para substituir o scripting
- O HTML5 deve ser independente do dispositivo
- O processo de desenvolvimento deve ser visível para o público

O lado remoto do S-EVM é desenvolvido e concebido utilizando JDBC e MySQL.

Páginas de servidor Java: A aplicação EVM é uma arquitetura cliente-servidor em que a programação do lado do servidor é feita em Java Server Pages (JSP) com o servidor Apache Tomcat. JSP é uma tecnologia Java desenvolvida pela Sun Micro Systems em 1999 que permite ao programador criar rapidamente aplicações Web dinâmicas. A JSP fornece uma estrutura poderosa, portátil e facilmente extensível que suporta o desenvolvimento de aplicações Web dinâmicas. A página JSP contém vários componentes, tais como diretivas, declarações, expressões, licenças de script, comentários, etiquetas de ação e bibliotecas de etiquetas de feijão, que podem ser combinados de muitas formas diferentes para formar uma página Web dinâmica[30].

Servidor Apache Tomcat: O Apache Tomcat (ou simplesmente Tomcat, anteriormente também Jakarta Tomcat) é um servidor Web de código aberto e um contentor de servlets desenvolvido pela Apache Software Foundation (ASF). O Tomcat implementa as especificações Java Servlet e Java Server Pages (JSP) da Sun Microsystems e fornece um ambiente de servidor Web HTTP "Java puro" para código Java que executa servlets Java e processa páginas Web que incluem codificação Java Server Page. A implantação de aplicações pode ser efectuada das seguintes formas no Tomcat [29].

- Implantação do ficheiro WAR: É possível implementar o ficheiro WAR no diretório CATALINA_BASE do Tomcat e reiniciar o Tomcat para visualizar a aplicação. Esta abordagem é amplamente utilizada no ambiente de produção.
- Implantação descompactada: Neste método de implementação, o ficheiro WAR é extraído para o diretório CATALINA_BASE da instância. Este método é normalmente utilizado no servidor de desenvolvimento.
- Tomcat Manager: É uma ferramenta muito boa que é amplamente utilizada no ambiente de produção, principalmente na implementação de infra-estruturas remotas. Pode iniciar sessão no navegador Tomcat a partir do seu sistema e implementar.

MySQL: O MySQL é um sistema de base de dados de código aberto que está disponível gratuitamente. O MySQL, um sistema de gestão de bases de dados relacionais cliente/servidor SQL, inclui o servidor SQL, programas cliente para aceder ao servidor, ferramentas administrativas e uma interface de programação para escrever os seus próprios programas. O MySQL é portátil e funciona em sistemas operativos comerciais (como o Mac OS X, HP-X e Windows) e em hardware até servidores empresariais. Além disso, o seu desempenho rivaliza com qualquer sistema de base de dados que lhe queira fazer frente e pode lidar com grandes bases de dados com milhares de milhões de linhas. O MySQL tem muitas caraterísticas atractivas, como a velocidade, a facilidade de utilização, a capacidade, a conetividade e a segurança, a portabilidade, o tamanho reduzido, a disponibilidade e o custo, a distribuição aberta e o código-fonte. Os comandos SQL normalizados ANSI são utilizados para a criação de dados, a manipulação e as operações de transação [27].

Conectividade de bases de dados Java: A API JDBC é uma API Java que pode aceder a qualquer tipo de dados tabulares, especialmente dados armazenados numa base de dados relacional. O JDBC inclui a API JDBC™ que fornece acesso programático a dados relacionais a partir da linguagem de programação Java™. Utilizando a API JDBC, as aplicações podem executar instruções SQL, obter resultados e propagar alterações para uma fonte de dados subjacente. A API JDBC também pode interagir com várias fontes de dados num ambiente distribuído e heterogéneo. A API JDBC 4.0 está dividida em dois pacotes: java.sql e javax.sql. A classe JDBC Driver Manager define objectos que podem ligar aplicações Java a um controlador JDBC. O Driver Manager tem sido tradicionalmente a espinha dorsal da arquitetura JDBC [28].

O Android SDK é utilizado para desenvolver a aplicação que permite enviar um PIN para o telemóvel dos eleitores para autenticação. O Android é um sistema operativo móvel (SO) baseado no kernel do Linux e atualmente desenvolvido pela Google com base na tecnologia Java. O Android oferece um conjunto completo de software para dispositivos móveis para criar aplicações que funcionam com o sistema operativo Android, o middleware e as principais aplicações móveis. Sendo uma plataforma inovadora e aberta, o Android está bem posicionado para responder às necessidades crescentes do mercado móvel, que continua a expandir-se para além dos primeiros utilizadores e dos compradores de dispositivos inteligentes topo de gama.

4.4.1 Requisitos de software utilizados no desenvolvimento da aplicação S-EVM simulada

> Sistema operativo : Red Hat Linux/ Windows XP/Windows 7

> Língua : Java 1.6/1.7

> Lado do cliente : HTML,CSS com o navegadorIE/Chrome

> Lado do servidor : Java Server Pages e Bean tecnologia

> Conectividade da base de dados : : JDBC

> Base de dados : MySQL e MySQL workbench

> Ferramentas RAD : Dreamweaver, Netbeans 6.0, Eclipse

> Servidor Web : Apache Tomcat 6.0

4.4.2 Requisitos de hardware utilizados no desenvolvimento da aplicação S-EVM

> Qualquer dispositivo com CPU Intel Pentium, seja computador ou telemóvel, com velocidade de 1,5 GHz

> RAM com capacidade de 4 GB

> Disco rígido com capacidade de 500 GB

> Internet de 2Mbps.

4.5 PROTOCOLOS UTILIZADOS NO MODELO S-EVM

Neste capítulo, propomos os seguintes protocolos para as várias fases da conceção do modelo EVM seguro

a) Fase de votação
b) Fase pós-enquete

4.5.1 FASE DE VOTAÇÃO

A fase de polling divide-se em dois subprocessos, nomeadamente

> Fase de pré-votação

> Fase de armazenamento seguro

A fase de autenticação consiste na verificação do eleitor com base nos dados disponíveis junto da autoridade eleitoral. O eleitor recebe no seu telemóvel um PIN/chave que é gerado utilizando o algoritmo MPPK. O PIN recebido é verificado pelo funcionário eleitoral com base nos dados disponíveis. Se a autenticação for bem sucedida, o eleitor pode votar na EVM, o que lhe confere a integridade necessária para votar de acordo com a sua escolha.

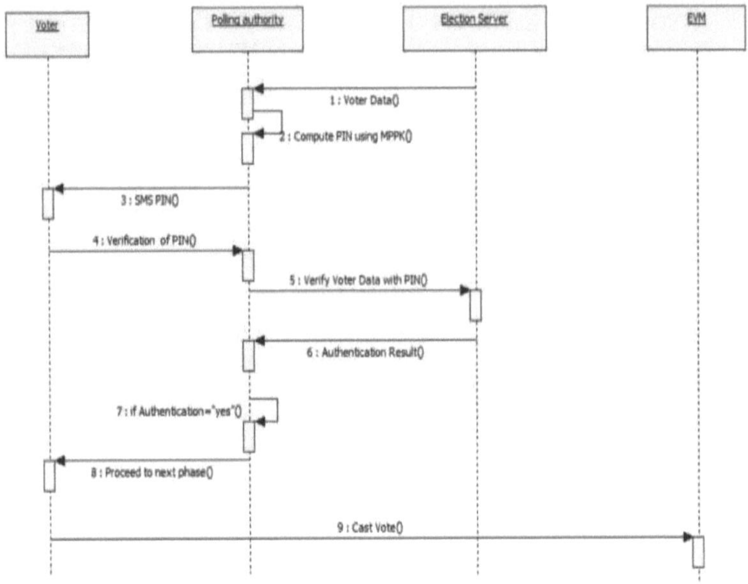

Fig. 4.3: Protocolo para a fase de autenticação

Descrição do processo: Fase de pré-colheita

> ***Gerar PIN para o eleitor***

Responsabilidade	:	Autoridade eleitoral
Entrada/pré-requisitos	:	Os dados do eleitor
Técnica	:	Algoritmo MPPK
Saída/pedido	:	PIN/chave de segurança

Garante que é gerada uma chave segura para a autenticação.

> ***Autenticar o eleitor***

Responsabilidade	:	Autoridade eleitoral
Entrada/pré-requisitos	:	PIN do eleitor
Saída/pedido	:	Resultado da verificação

Assegura que uma Integridade do Eleitor

> ***Votação***

Responsabilidade	:	Eleitor
Entrada/pré-requisitos	:	Escolha do eleitor
Saída/pedido	:	Voto Armazenado no EVM de forma segura

A fase de armazenamento seguro trata do armazenamento seguro dos votos noEVM em caso de alteração dos eleitores por pessoas não autorizadas ou perda de votos acidental devido a danos na EVM depois de o eleitor ter votado. Nesses casos, o algoritmo MPPK é utilizado para encriptar os votos armazenados na memória da EVM e os dados da EVM são igualmente armazenados num servidor de cópia de segurança remoto e mantidos em segurança pela autoridade eleitoral, de modo a que, em caso de falha da EVM, os resultados possam ser conhecidos utilizando o recurso acima referido.

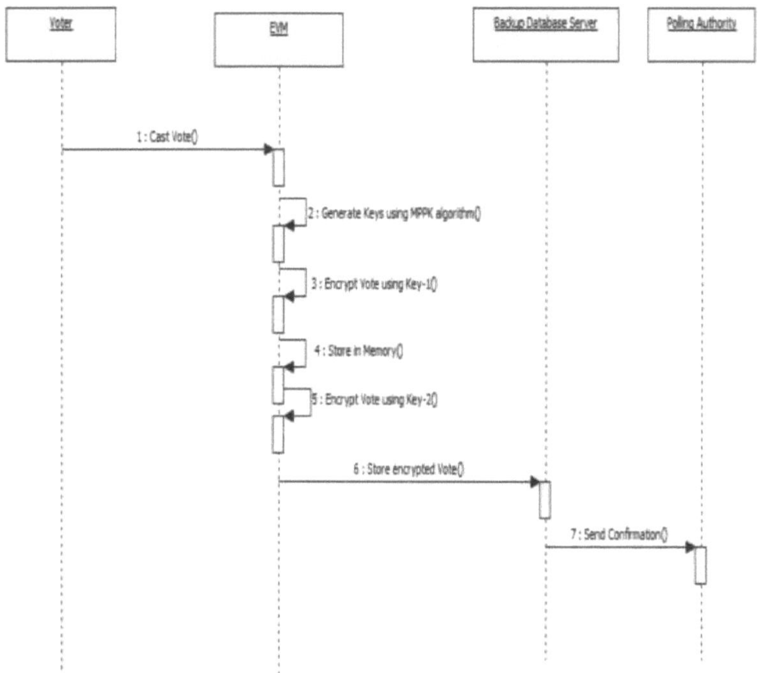

Fig 4.4: Protocolo para a fase de armazenamento seguro

Descrição do processo: Fase de armazenamento seguro

> ***Criptografia a votação***

Responsabilidade	:	Autoridade eleitoral/EVM
Entrada/pré-requisitos	:	A chave Vote,Pb1
Técnica	:	Algoritmo MPPK
Saída/pedido	:	Voto encriptado

Garante que cada voto é protegido pelo algoritmo MPPK.

> ***Armazenamento***

Responsabilidade	:	Autoridade eleitoral
Entrada/pré-requisitos	:	Voto encriptado, chave Pb2
Saída/pedido	:	Voto encriptado armazenado emServidor

Garante a segurança e a integridade do voto num local seguro para utilização futura.

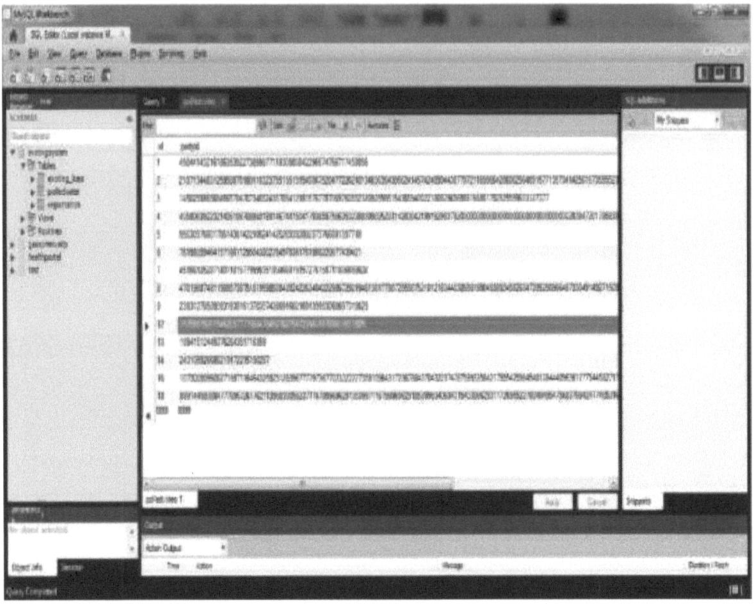

Fig: 4.5 Mostra o armazenamento seguro de votos no servidor remoto

Fig: 4.6 Mostrando a encriptação do Vote utilizando o algoritmo MPPK

4.5.2 Fase pós-votação

A fase pós-votação divide-se em dois subprocessos, nomeadamente

> Fase de descodificação dos votos

> Fase de contagem e resultados

Na fase de desencriptação dos votos, os membros das mesas de voto recuperam os votos armazenados na memória da EVM utilizando a chave privada que se encontra com o membro das mesas de voto e, em caso de falha da EVM, a mesma chave é utilizada para recuperar os votos do servidor remoto onde

é feita a cópia de segurança dos votos.
Descrição do processo: Fase de desencriptação dos votos

> ***Desencriptação do voto***

Responsabilidade	:	Autoridade eleitoral
Entrada/pré-requisitos	:	Votos encriptados,Chave Pr
Técnica	:	Algoritmo MPPK
Saída/pedido	:	Voto simples

Na fase de contagem e de resultados, os votos encriptados são desencriptados utilizando a chave privada (chave Pr) da EVM e introduzidos nos contadores. Em função da decisão do eleitor, os respectivos contadores serão incrementados para contar a soma dos votos. Em consequência, esta atividade gera o resultado da eleição. A implementação técnica desta atividade tem de garantir que nenhum resultado parcial ou qualquer outra informação que aponte para a decisão de um eleitor seja divulgada para o exterior do dispositivo de contagem. Por conseguinte, todo o mecanismo de contagem é encapsulado num módulo seguro. O processo acima descrito é utilizado no caso da EVM e, em caso de falha desta, o responsável pelas votações utiliza um servidor remoto para recuperar os votos e anunciar os resultados. O agente de voto envia a sua chave secreta para autenticar a EVM avariada e a chave privada é utilizada para desencriptar os votos e visualizar o resultado da eleição.

> ***Fase de contagem e resultados***

Responsabilidade	:	Autoridade eleitoral
Entrada/pré-requisitos	:	Votos cifrados,Pr chave
Técnica	:	Algoritmo MPPK
Saída/pedido	:	O resultado oficial dacontagem

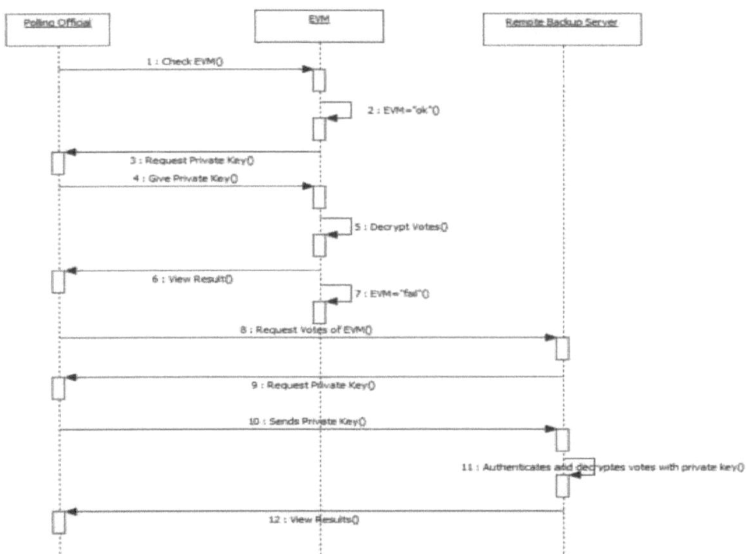

Fig 4.7 : Protocolo da fase de escrutínio dos votos

4.5.3 ALGORITMO: FASE PÓS-INSCRIÇÃO -CONTAGEM NA MEMÓRIA DO EVM

1. Inicializar a EVM e verificar os seus parâmetros
2. Inicializar os contadores de cada parte
3. Pedido de chave privada de EVM da autoridade de voto-1
4. Chamar o processo de desencriptação (Prk, EVM-ID)
5. Repetir os passos até ISEMPTY(EVM-VOTES)<>true
   5.1 Verificar o voto para cada partido
   5.2 Incrementar os contadores apropriados Fim do loop passo 5

6. Verificar e imprimir os resultados de cada parte
7. fim

4.5.4 Algoritmo: Fase pós-inscrição -Contar no EVM -Remover memória de reserva

1. Inicializar a EVM e verificar os seus parâmetros
2. Se IsFail(EVM)=True então
3. Estabelecer ligação com o servidor remoto
4. Obter Polling-Authority-Key (Pak) para autenticação
5. Inicializar os contadores de cada parte
6. Pedido de chave privada de EVM da autoridade de voto-1 para votos encriptados na cópia de segurança remota Chamar o processo de desencriptação (Prk1, EVM-ID)
7. Pedido de chave privada do EVM à autoridade de voto-2 para ver os votos simples do EVM armazenados na cópia de segurança remota Chamar Decryption-Process (Prk2, EVM-ID)
8. Repetir os passos até ISEMPTY(EVM-VOTES)<>true
   8.1 Verificar o voto para cada partido
   8.2 Incrementar os contadores apropriados Fim do loop passo 5
9. Verificar e imprimir os resultados para cada parte Fim da etapa 2
10. fim

4.6 IMPLEMENTAÇÃO DA APLICAÇÃO S-EVM

A aplicação S-EVM é simulada como uma máquina de votação eletrónica para aceitar o voto do utilizador, que realizará as seguintes actividades

> Os membros das mesas de voto utilizam o serviço de autenticação para autenticar os eleitores em vez de o fazerem manualmente.

O eleitor pode votar facilmente selecionando as opções no ecrã.

> Os votos são protegidos através da utilização de serviços de encriptação.

> Para garantir a segurança dos votos, mesmo em caso de acidente, o modelo S-EVM pode recuperar os votos a partir de um serviço de back-up remoto.

> O modelo S-EVM oferece mais segurança do que as EVM, que podem não fornecer resultados em caso de falha da EVM ou não garantem a segurança dos votos.

> Os membros das mesas de voto são apenas funcionários e podem divulgar os votos ou as chaves para encriptar ou desencriptar os votos por razões de segurança.

Os serviços acima referidos são modelados como um modelo de software e um modelo de implementação
é apresentado na figura 4.6.

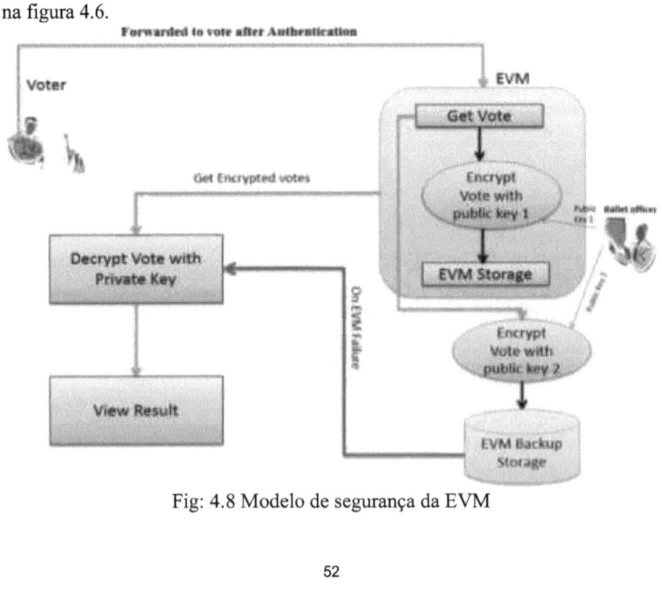

Fig: 4.8 Modelo de segurança da EVM

4.6.1 CODIFICAÇÃO DO MODELO S-EVM

Code for HomePage for Secure EVM Application

```
<!DOCTYPE html PUBLIC "-//W3C//DTD XHTML 1.0 Transitional//EN"
"http://www.w3.org/TR/xhtml1/DTD/xhtml1-transitional.dtd">
<html xmlns="http://www.w3.org/1999/xhtml">
<head>
<meta http-equiv="Content-Type" content="text/html; charset=utf-8" />
<title>Grid System - Free Template</title>
<meta name="keywords" content="free css templates, grid system" />
<meta name="description" content="Grid System is a free website template provided
by templatemo.com" />
<link href="templatemo_style.css" rel="stylesheet" type="text/css" />
<script language="javascript" type="text/javascript">

function clearText(field)
{
  if (field.defaultValue == field.value) field.value = '';
  else if (field.value == '') field.value = field.defaultValue;
}
</script>
</head>
<body>
<div id="templatemo_menu">
  <ul>
    <li><a href="#" class="current">Home</a></li>
    <li><a href="Registration.html" target="">Registration</a></li>
    <li><a href="Login.html" target="">Sign In</a></li>

    <li><a href="VoterAuthentication.jsp" target="">Procede To Voting</a></li>
    <li><a href="#">Company</a></li>
    <li><a href="#">Email Us</a></li>
  </ul>

</div> <!-- end of templatemo_menu -->

<div id="templatemo_site_title_bar_wrapper">

        <div id="templatemo_site_title_bar">

        <div class="site_title_left">

        <div id="site_title">
          <br /><br />
                        <h1><a href="#">Secure-EVM Application <span>You can
VOTE From anywhere</span></a> </h1>
      </div>

    </div>
```

```
<div class="site_title_right">

<img src="images/evm2.jpg" height="180" width="400">

</div>

</div> <!-- end of templatemo_site_title_bar -->

</div> <!-- end of templatemo_site_title_bar_wrapper -->

<div id="templatemo_content_wrapper_outter">

<div id="templatemo_content_wrapper_inner">

<div id="templatemo_content_top"></div>

<div id="templatemo_content">

<div class="section_w860">
<div class="section_w380 float_l">
<h2>Welcome to e-Voting System</h2>
<div class="image_wrapper_01"><img src="images/evm.jpg" alt="image"
width="350" height="150" /></div>
<p>Electronic voting technology can include punched cards, optical scan
voting systems and specialized voting kiosks (including self-contained direct-recording
electronic voting systems, or DRE). It can also involve transmission of ballots and
votes via telephones, private computer networks, or the Internet.</p>
<p> e-voting which is physically supervised by representatives of
governmental or independent electoral authorities (e.g. electronic voting machines
located at polling stations)</p>
</div>
<div class="section_w380 float_r">
<h2>Super Fast Services</h2>
<p>Simply Voting is a web-based online voting system that will help you
manage your elections easily and securely. Try casting a ballot in our demo or sign up
to run a free test vote. Got a question? Our Rapid Support team is standing by</p>
<ul class="service">
<li>Electronic voting technology can speed the counting of ballots and
can provide improved accessibility for disabled voters. </li>
<li>
<p>Electronic voting systems for electorates have been in use since the
1960s when punched card systems debuted</p>
</li>
<li>Their first widespread use was in the USA where 7 counties switched
to this method for the 1964 presidential election</li>
<li>Secure-EVM <a href="#">Authentication</a> e-voting which is
physically supervised by representatives of governmental or independent electoral
authorities</li>
```

```
            <li>e-voting which is physically supervised by representatives of
governmental or independent electoral authorities <a href="#">ullamcorper</a>
Secure-EVM</li>
        </ul>

            <div class="cleaner_h20"></div>
        <div class="button_01"><a href="#">Read more</a></div>
          </div>
                    </div>

        <div class="cleaner_h30 divider"></div>
        <div class="cleaner_h30"></div>

        <div class="section_w860">

                <div class="section_w380 float_l">

                <h2>Popular Posts</h2>

            <div class="news_box">
                <a href="#">Electronic voting systems for electorates have been in use
since the 1960s when punched card systems debuted </a>

            </div>

            <div class="news_box">
                <a href="#">Electronic voting systems for electorates have been in use
since the 1960s when punched card systems debuted..</a>

            </div>

          </div>

          <div class="section_w380 float_r">

                <h2>Testimonials</h2>

            <p>Secure EVM provides a way polling of votes securely and avoides
Rigging.</p>
          - <a href="http://www.templatemo.com" target="_parent">Someone</a>

            <div class="cleaner_h10"></div>

            <p>Simply Voting is a web-based online voting system that will help you
manage your elections easily and securely. Try casting a ballot in our   demo or sign up
to run a free test vote. Got a question? Our Rapid   Support team is standing by <a
href="#">Secure</a> EVM</p>
         - <a href="#" target="_parent">VOTER Authentication</a></div>

        </div>
```

```
        <div class="cleaner"></div>
      </div>

      <div id="templatemo_content_bottom"></div>

   </div> <!-- end of templatemo_content_wrapper_inner -->

</div> <!-- end of templatemo_content_wrapper_outter -->


   <div class="section_w280">

      <h3>Privacy Policy</h3>

      <div class="sub_content">
        <p>Simply Voting is a web-based online voting system that will help you
manage your elections easily and securely. Try casting a ballot in our   demo or sign up
to run a free test vote. Got a question? Our Rapid   Support team is standing by</p>
      </div>

   </div>


</div>
<input type="hidden" name="id" value="0" id="id" />
</body>
</html>
```

Code for Voter Authentication

```
<%@ page contentType="text/html; charset=iso-8859-1" language="java"
import="java.sql.*" errorPage="" %>
<!DOCTYPE html PUBLIC "-//W3C//DTD XHTML 1.0 Transitional//EN"
"http://www.w3.org/TR/xhtml1/DTD/xhtml1-transitional.dtd">
<html xmlns="http://www.w3.org/1999/xhtml">
<head>
<meta http-equiv="Content-Type" content="text/html; charset=iso-8859-1" />
<title>Voter Authentication</title>
</head>


<body>
<center>
<br/>
<hr />
```

```
<br/>
<h2> Voter Authentication Process....</h2>
<br/>
<center>
<form id="voter" method="post" action="VoterAuthenticationAction.jsp">
<table border="1">
<tr><td>Enter Your Authentication Key (SMS KEY)</td><td><input type="text"
name="authKey" id="authKey" /></td></tr>
<tr><td colspan="2" align="center"><input type="submit" name="submit"
id="submit" /></td></tr>
</table>
</form>
<center/>
</body>
</html>
```

JSP Page of Voter Authentication Verification

```
<%@ page contentType="text/html; charset=iso-8859-1" language="java"
import="java.sql.*" errorPage="" %>
<%@ page import="evoting.DataBase"%>

<!DOCTYPE html PUBLIC "-//W3C//DTD XHTML 1.0 Transitional//EN"
"http://www.w3.org/TR/xhtml1/DTD/xhtml1-transitional.dtd">
<html xmlns="http://www.w3.org/1999/xhtml">
<head>
<meta http-equiv="Content-Type" content="text/html; charset=iso-8859-1" />
<title>Voter Authentication Process</title>
</head>
<body>
<%
String authKey=request.getParameter("authKey");
Connection con=null;
ResultSet rs=null,rs1=null;
PreparedStatement ps=null,ps1=null;
```

```
con=evoting.DataBase.getConnection();
ps1=con.prepareStatement("select *from registration where smskey=?");
ps1.setString(1,authKey);

rs1=ps1.executeQuery();
if(rs1.next())
{
String name=rs1.getString(1);
String adhar=rs1.getString(2);
String voterid=rs1.getString(12);
String address=rs1.getString(4);
String id=rs1.getString(14);

session.setAttribute("username",name);
session.setAttribute("voterid",voterid);

System.out.println("id : "+id);

%>

<center>
<br /><br /><br />
<form id="voterAuth" method="post" action="Evoting1.jsp">
<table border="1" width="400" style="table-layout:fixed"><col width="120" /><col
width="140" /><col width="140" />
<tr><th colspan="3" align="center" bgcolor="#6677FF" style="font-size:24px; font-
style:italic; color:#FFFFFF">Adhar Card Details</th></tr>
<tr><td width="120">Name:</td><td width="140"><%=name%></td>
<td rowspan="4" width="120" bgcolor="#FFFFFF"><a href="#"><img
src="viewimage2.jsp?id=<%=id%>" height="100" width="100" alt="image not
loaded"/></a></td></tr>
<tr><td>Adhar Card Number:</td><td><%=adhar%></td></tr>
<tr><td width="120">Voter ID:</td><td width="140"><%=voterid%></td></tr>
<tr><td width="120">Address:</td><td width="140"><%=address%></td></tr>
```

```
</table>
<br/>
<br/>
<h2> Voter Authentication Done Successfully</h2>
<br />
<input type="submit" name="submit" value="Procede" />
</form>
</center>

<%

}

%>
</body>
</html>

<%@ page contentType="text/html; charset=iso-8859-1" language="java"
import="java.sql.*"  errorPage="" %>
<%@ page import="evoting.DataBase"%>
<%@ page import="evoting.MultiplePublicKeysFinal"%>
<!DOCTYPE html PUBLIC "-//W3C//DTD XHTML 1.0 Transitional//EN"
"http://www.w3.org/TR/xhtml1/DTD/xhtml1-transitional.dtd">
<html xmlns="http://www.w3.org/1999/xhtml">
<head>
<meta http-equiv="Content-Type" content="text/html; charset=iso-8859-1" />
<title>Untitled Document</title>
</head>

<body>
<br />
<center><h2 style="color:#0000FF">EVM DATA STORAGE......</h2></center>
<%
evoting.MultiplePublicKeysFinal mpk=new evoting.MultiplePublicKeysFinal();
```

```
PreparedStatement ps=null,ps1=null;

ResultSet rs=null;

String partyName=request.getParameter("party");

String voterid=(String)session.getAttribute("voterid");
System.out.println("Party Name: "+partyName);
System.out.println("voter id : "+voterid);

String encPartyName=mpk.encryptPartyName(partyName);
String encEVMBackup=mpk.encryptEVMBackup(partyName);
%>

<br />
<center><h2 style="color:#9933FF">EVM Memory Storage...</h2><hr />
<br />

<%
Connection con=null;
con=evoting.DataBase.getConnection();
ps1=con.prepareStatement("select *from polledvotes");
rs=ps1.executeQuery();
while(rs.next())
{
String evmres=rs.getString("partyid");
%>
<h3 style="color:#CC33FF"><%=evmres%></h3>
<%
}
%>

</center>
<%
```

```
ps=con.prepareStatement("insert into polledvotes(partyid,voterid)values(?,?)");

        ps.setString(1,encPartyName);
        ps.setString(2,voterid);
        int res=ps.executeUpdate();

        if(res>0){
        %>
        <br />
        <center><h2 style="color:#0000FF">EVM MEMORY BACKUP
STORAGE......</h2></center>
        <hr /><br /> <center><h3 style="color:#3399FF">EVM Memory
BACKUP....  <%=encEVMBackup%></h3></center>

        <br /><center><h3 style="color:#FF00FF">EVM Memory Backup Stored
SuccessFully</h3><br /><hr /></center>
        <%
        }
        else{
        %>
        <hr /><br /><h3 style="color:#FF0000">DataBase ERROR.............</h3><br
/><hr />
        <%
}
%>
</body>
</html>
```

4.6.2 ECRÃS DO MODELO S-EVM

A aplicação segura é desenvolvida utilizando JSP e a base de dados MySQL como front e back ends, respetivamente, e a aplicação é implementada no servidor Apache Tomcat para simular o modelo S-EVM.

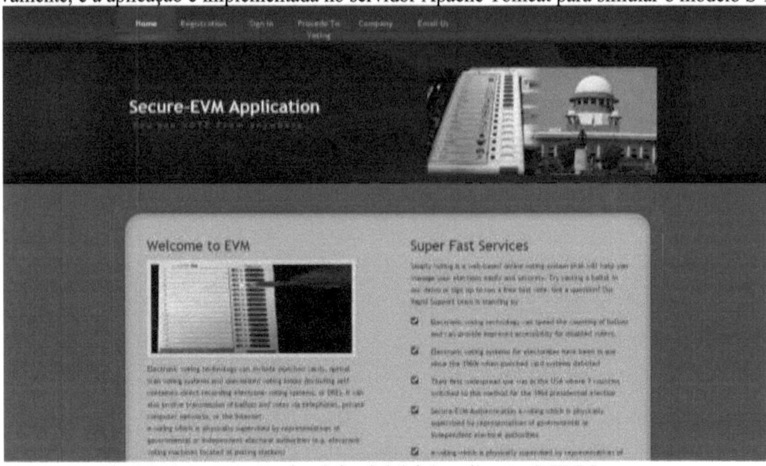

Fig 4.9: Apresentação da página inicial da aplicação S-EVM

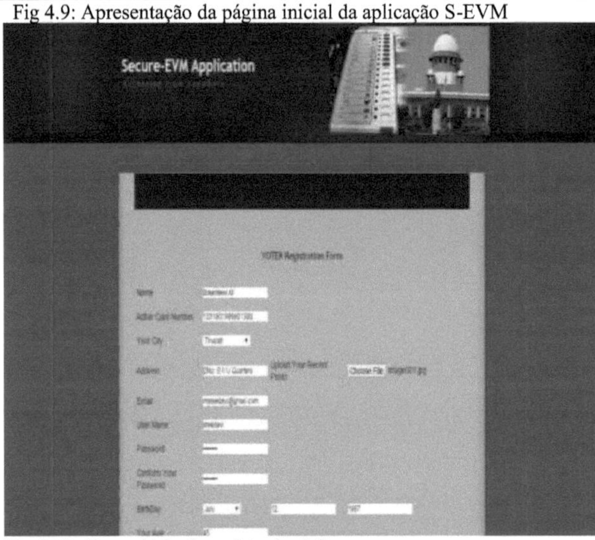

Fig 4.10 : Formulário de registo de eleitores

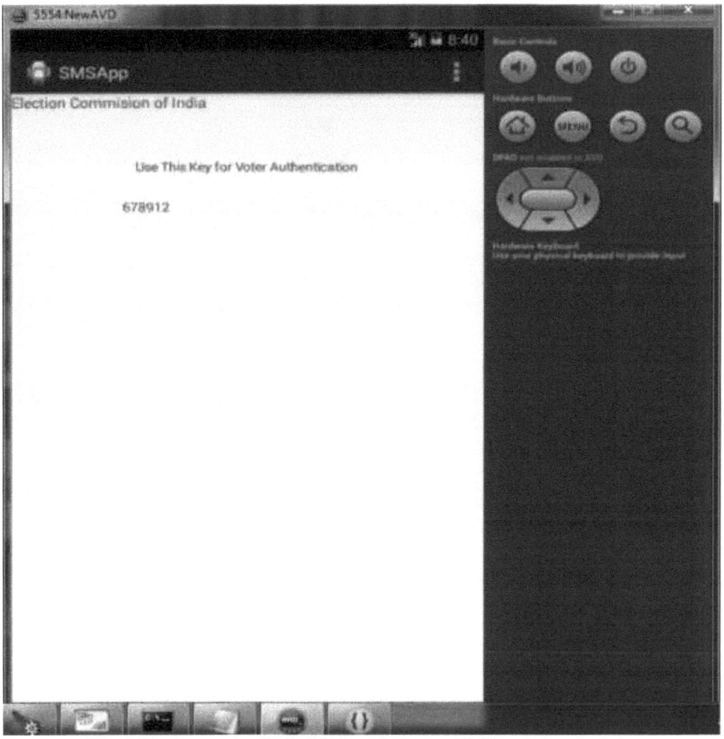

Fig 4.11: Apresentação do PIN recebido por SMS no telemóvel do ELEITOR (ANDROID SDK)

Fig. 4.12: Representação do agente de voto a introduzir o PIN recebido por SMS para autenticação

Fig. 4.13: Apresentação dos dados do eleitor autenticados após a introdução do PIN

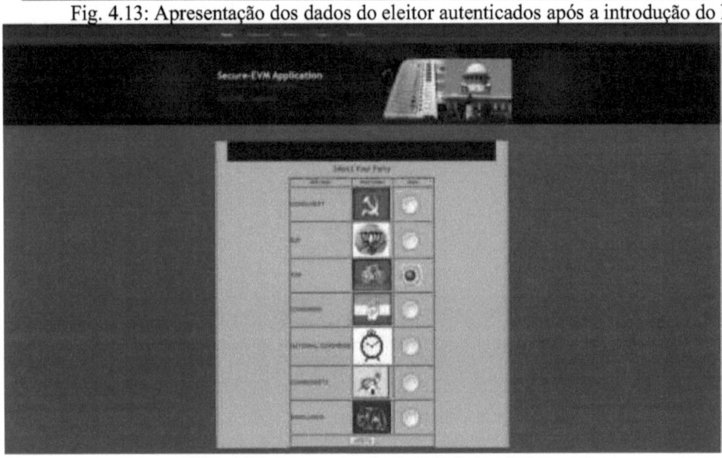

Fig. 4.14: Apresentação do EVM simulado

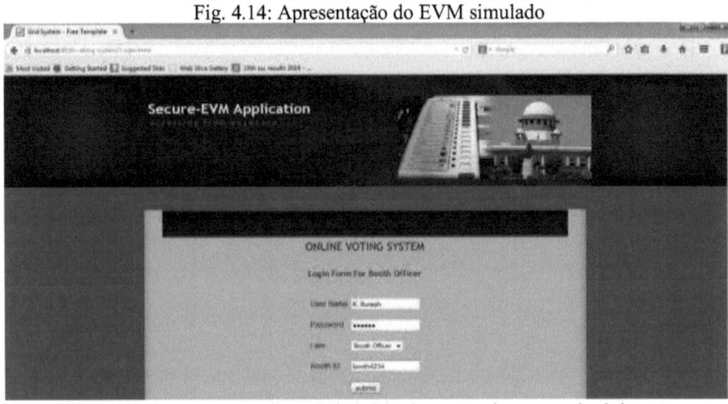

Fig. 4.15: Apresentação do ecrã de início de sessão do responsável de voto

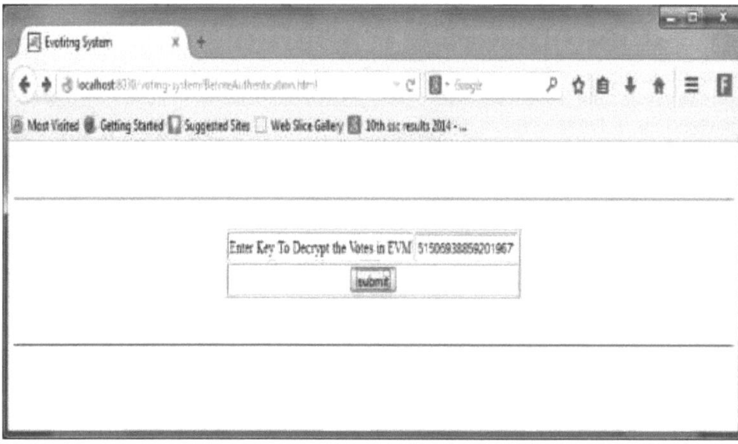

Fig 4.16 : Mostrando o responsável pelas sondagens da cabina Introduzir a chave privada para ver os resultados de EVM

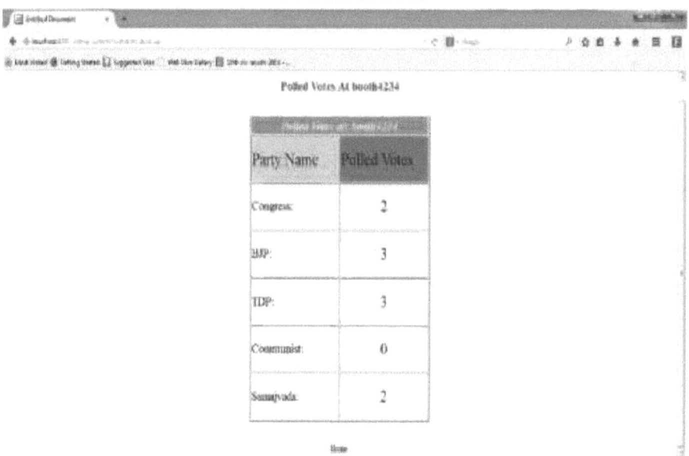

Fig 4.17: Indicação do total de votos obtidos na EVM após a introdução da chave secreta do agente de voto.

4.7 Destaques do modelo EVM seguro

O modelo S-EVM foi concebido tendo em conta os problemas actuais da EVM, que não é segura e não consegue resolver os problemas de falhas da EVM. No nosso modelo

- Autenticação mais forte do eleitor através da tecnologia móvel
- Proteção dos votos na memória EVM através da encriptação utilizando o algoritmo MPPK
- Salvaguarda remota dos votos da EVM, que garantirá os resultados em caso de falha acidental da EVM.

4.8 CONCLUSÃO

Neste capítulo, implementámos a simulação do modelo S-EVM utilizando várias tecnologias. O impacto das tecnologias da informação no processo de votação também é discutido de forma concisa. A estrutura do S-EVM e a arquitetura da aplicação com os seus serviços foram discutidas. Além disso, a implementação do modelo S-EVM utilizando o sistema de criptografia de chave pública MPPK é apresentada com os resultados necessários.

Conclusões e trabalho futuro

Na introdução, discutimos as técnicas de votação e os seus inconvenientes, o que nos permite propor um trabalho relacionado com a segurança da votação EVM nesta tese. Nesta tese, do primeiro ao último capítulo, descrevemos a forma como o trabalho progrediu em direção a este objetivo em termos de desenvolvimento de um novo criptossistema e da sua aplicação ao problema da segurança da votação EVM no âmbito da sua aplicabilidade. Por último, sugerimos também algumas direcções de investigação futuras que podem melhorar o trabalho utilizando tecnologias contemporâneas.

CONCLUSÕES

A segurança é a principal área de discussão nesta tese, na qual nos concentrámos no desenvolvimento de um novo sistema de criptografia de chave pública multipares para garantir a segurança da votação EVM, que é vulnerável a vários inconvenientes, como as condições ambientais que podem afetar os votos armazenados na memória, os danos causados pela fraude eleitoral em que a lealdade partidária pode atacar, o problema da autenticação dos eleitores e a adulteração dos votos em trânsito, etc. Cada nova invenção ou atualização é uma ideia formada após o estudo dos inconvenientes dos trabalhos existentes sobre o modelo RSA e EVM, através da análise de várias investigações.

No decurso deste trabalho de investigação, são envidados esforços para conceber e desenvolver um novo sistema de criptografia de chave pública multipares (MPPK) e um esquema de autenticação para fornecer serviços de segurança como a confidencialidade, a integridade, a autenticação e o não-repúdio da votação EVM no armazenamento em memória e num local remoto

Ao assegurar estes serviços, o objetivo é ajudar os países democráticos a realizar eleições de forma justa e segura, utilizando o sistema de criptografia de chave pública Threshold Multi-Pair. Alcançámos os seguintes objectivos desta tese, tais como

1. Desenvolvimento e implementação de um algoritmo criptográfico de limiar para cifrar votos.
2. Propôs um novo sistema de criptografia multipares para o armazenamento seguro de votos em EVM.
3. Concebeu um sistema para gerar chaves públicas multipares com base em sondagens centro de cabina para a encriptação dos votos na memória do EVM e no servidor remoto, juntamente com os protocolos necessários para o armazenamento dos votos, a contagem e a validação do eleitor.
4. Concebeu e desenvolveu um novo modelo seguro de EVM, que é uma aplicação segura e se assemelha à funcionalidade da EVM, implementando o sistema de criptografia proposto, denominado sistema de criptografia de chave pública Threshold Multi-Pair.

O criptossistema MPPK proposto é implementado em linguagem Java e contém três fases: geração de chaves, encriptação e desencriptação. Na fase de geração de chaves, obtém-se um par de chaves públicas e uma chave privada. A análise do desempenho do sistema de criptografia MPPK proposto, em comparação com as variantes do sistema de criptografia de chave pública RSA, é efectuada e apresentada nesta tese.

Os contributos acima referidos do trabalho de investigação justificam o objetivo e o âmbito da tese. Para apoiar o nosso argumento, aplicámos o criptossistema de limiar MPPK ao modelo S-EVM e desenvolvemos uma aplicação simulada que permite ao funcionário da cabina autenticar o eleitor enviando o PIN/CHAVE secreto para o seu telemóvel através de SMS gerados pelo algoritmo MPPK, encriptar e desencriptar a soma total dos votos e anunciar os resultados.

SUGESTÕES PARA TRABALHOS FUTUROS

A investigação apresentada nesta tese pode dar novos passos com melhorias para se adaptar a vários dispositivos. Algumas das recomendações para o nosso trabalho incluem:

O sistema de criptografia MPPK desenvolvido gerará um par de chaves públicas e um par de chaves privadas pode ainda ser modificado através da utilização de diferentes funções de totient para obter um elevado desempenho adequado a vários dispositivos.

O sistema de criptografia MPPK pode ser analisado e modificado para ser utilizado na votação móvel com chaves mais pequenas e também para proteger dados armazenados em centros de dados na nuvem mantidos pela comissão eleitoral. O modelo S-EVM desenvolvido pode também ser alargado ao Smart EVM que reconhece a impressão do polegar do eleitor quando este carrega no botão para votar, o que serve não só para votar mas também para o autenticar juntamente com a leitura da retina.

Bibliografia

A. K. Agarwala, D. T. Shahani e P. V. Indiresan. Relatório da comissão de peritos para a avaliação da máquina de voto eletrónica (EVM) actualizada. setembro de 2006. http://www.scribd.com/doc/6794194/ Expert-Committee-Report-on- EVM, páginas 2{20}.

Bellis, M. (2011).The History of Voting Machines. www.about.com. Recuperado em 25 de outubro de 2011.

Bharat Electronics : Máquinas de voto eletrónico, 2006.

Cesar Alison, *Uma variante eficiente do criptosistema RSA,* IACR Cryptology ePrint Archive. 01/2003; 2003:159.

Dan Boneh e H. Shacham, *"Fast variants of RSA"*, CryptoBytes, vol.5, no. 1, pp. 1-9, 2002.

David G. Robinson e J. Alex Halderman, "*Ethical Issues in E-Voting Security Analysis*", no 2.º Workshop sobre Ética na Investigação em Segurança Informática (WECSR 2011), Castries, Santa Lúcia, 4 de março de 2011.

Electronics Corporation of India Limited: A hand book for Electronic voting schemes, 2006.

A. Fiat. -Batch RSA. Em G. Brassard, ed., Proceedings of Crypto 1989, vol. 435 de LNCS, pp. 175-185. Springer-Verlag, agosto de 1989.

HariPrasad.K et. al., "*Security Analysis of India's Electronic Voting Machines"*, Proc. 17th ACM Conference on Computer and Communications Security (CCS'10), Out. 2010.

Hung-Min Sun, Mu-En Wu, Wei-Chi Ting e M. Jason Hinek, *Dual RSA e sua análise de segurança*

Jonathan Bannet et.al., "*Hack-a-Vote: Security Issues with Electronic Voting Systems",* publicado por IEEE COMPUTER, 2004 IEEE SECURITY & PRIVACY

J.J.Quisquater e C.Couvreur. "*Fast Decipherment Algorithm for RSA PublicKey Cryptosystem"*. Electronic Lectures, Vol-18, 905-907, 1982.

MayurPatil, Vijay Pimplodkar, et.al, "*A Survey on Voting System Techniques*" Volume 3, Issue 1, January 2013 ISSN: 2277 128XInternational Journal of Advanced Research in Computer Science and Software Engineering.

Naor.M e M.Yung : "*Public-Key cryptosystems Provably Secure against chosen - Ciphertext Attacks",* Simpósio Anual ACM sobre Teoria da Computação - Actas do STOC'90, páginas 427-437, ACM, 1990.

Neal Koblitz, Alfred J. Menezes, "*A Survey of Public-Key Cryptosystems*", 7 de agosto de 2004.

. Pointcheval and P.Rogaway et.al., "*Relations Among Notations of Security for Public-Key Encryption Scheme, Advances in Cryptology"*, Proceedings of CRYPTO 98, LNCS 1462, pages 26-45, Springer Verlag, 1998.

Practical Security analysis of E-voting - Universidade de Tecnologia de Tallinn, 2007.

RSA: A public-key cryptosystem FeryalAlayont University of Arizona April 5, 2005 of EUROCRYPT 96, LNCS 1070, pages 399-416, Springer Verlag, 1996.

. Sreedevi. M, Prof. M. Padmavathamma "*Um modelo inovador de segurança para máquinas de votação eletrónica"* Jornal Internacional de Tendências e Tecnologia de Engenharia (IJETT) - Volume 17 Número 3 - *Nov 2014* ISSN: 2231-5381 páginas: 136-140 http://www.ij ettjournal.org

. Sreedevi.M,Prof. M. Padmavathamma "*Multi-pair Public Key Cryptosystem",* International Journal of Engineering Trends and Technology (IJETT) - Volume 11 Número 3 - maio 2014

Shridhar, "*Evolution in Cryptographic Voting System* " Revista Internacional de Investigação Avançada em Informática e Engenharia de Software Volume 4, Número 5, maio de 2014 ISSN: 2277 128X páginas : 1024 - 1034.

Suresh K, Venkataramana.K, "*Study of Analysis on RSA and its Variants"*, International Journal of Computer Science Research & Technology (IJCSR), Vol. 1 Issue 4, September - 2013.

Wallach.D.S, T. Kohno, A. Stubblefield, A. D. Rubin, e, "*Analysis of an electronic voting System"*. No Simpósio IEEE sobre Segurança e Privacidade, páginas 27-40. IEEE Computer Society, maio de 2004.

Wiener.M - "*Cryptanalysis of Short RSA Secret Exponents"*, IEEE Trans. Information Theory 36(3):553-558. maio de 1990.

William Stallings, "*Cryptography and Network Security - Principles and Practices"*, Índia: Pearson Prentice Hall, 4ª edição.

Rao G.V.L. N. "*Democracy at Risk! Citizens for Verifiability,Transparency& Accountability in*

Elections", Nova Deli, 2010. http://indianevm.com/book.php.
. PaulduBois, "*MySQL developers Library*",4th edition,Adisson-Wesely,Pearson Education 2009.
. [Disponível online] http://docs.oracle. com/ javase /tutorial/ jdbc/ overview/ index.html
[Disponível online]. "Introducing Apache Tomcat 6".https://people. apache.org/~ mturk/ tc6apconneu07.pdf
ZambonGiulio, "*Beginning JSP, JSF and Tomcat Java web development*",
ABRIL DE 2012
. [Disponível em linha] http://www.w3schools.com/html/html5_intro.asp

MIX
Papier aus verantwortungsvollen Quellen
Paper from responsible sources
FSC® C105338

Printed by Books on Demand GmbH, Norderstedt / Germany